도서출판 대장간은
쇠를 달구어 연장을 만들듯이
생각을 다듬어 기독교 가치관을
바르게 세우는 곳입니다.

대장간이란 이름에는
사라져가는 복음의 능력을 되살리고,
낡은 것을 새롭게 풀무질하며, 잘못된 것을
바로 세우겠다는 의지가 담겨져 있습니다.

www.daejanggan.org

요더 총서 10
그리스도와 권세들

지은이 헨드리쿠스 베르코프 Hendrikus Berkhof
영역자 존 하워드 요더
옮긴이 윤성현
초판발행 2014년 7월 28일

펴낸이 배용하
책임편집 배용하
등록 제364-2008-000013호
펴낸곳 도서출판 대장간
    www.daejanggan.org
등록한곳 대전광역시 동구 우암로 75-21 (삼성동)
편집부 전화 (042) 673-7424
영업부 전화 (042) 673-7424 전송 (042) 623-1424

분류 기독교 | 세계관
ISBN 978-89-7071-330-4 04230
    978-89-7071-315-1 04230(세트)

 값 8,000원

그리스도와 권세들

헨드리쿠스 베르코프 지음
존 하워드 요더 영역
윤성현 옮김

차례

일러두기

1. 이 책에 나오는 성구는 특별한 언급이 없는 한 한글 개역개정판을 사용하였다.
2. 원어 stoicheia는 한글성서에서는 "초등학문"으로 번역되지만 저자의 의도와는 맞지 않아 stoicheia로 두었습니다.
3. 이 책의 원 저자는 베르코프이지만, 요더가 영역으로 소개했으며 요더가 베르코프의 관점을 지지하므로 요더 총서에 넣었습니다.

우리 삶의 권세들, 나치에서 세월호까지

대장간에서 번역을 제안 받았을 때, 이 책은 내게 이렇게 말을 걸어왔다. '반세기 이상 지난 책을 지금 번역한다는 것은 무슨 의미인가? 그것이 과연 현대인들에게 유익한 작업인가?' 권세들에 대한 베르코프의 해석은 이미 많은 후속 연구 속에서 언급되어 왔고, 맥락에 따라 더 구체적으로 적용되어 왔기 때문이다. 이 고민을 2014년 4월 15일에 시작하였는데, 다음날 역사에 상처로 남을 세월호 참사가 일어났다. 그리고 18일 나는 이 책을 번역하기로 마음을 굳혔다. 이 책은 나치 이후의 독일에서, 68운동의 영향이 한창이던 일본에서, 76년 '아닷'에 저항하는 인도네시아에서 각각의 언어로 번역된 이후 번영의 끝에 서 있는 한국에서 공교롭게도 세월호 참사와 더불어 소개되는 것이다.

귀신론과 천사론은 신학의 후미진 구석에 있다. 주된 관심이 여기에 있는 사람들은 차라리 판타지 소설이나 세련된 영화를 몇 편 봄으로써 더 풍성한 상상력을 음미할 수 있을 것이다. 바울은 결코 그런 상상력에는 관심이 없었다. 바울은 그리스도를 십자가에 못 박은 로마 제국과 결탁한 권세들과 종교 권력의 배후에 있는 권세들을 보고, 그들의 인격적 특성에 관한 논란에서 벗어나 '현실적인' 그들의 세력을 다루고자 하였다. 그리스도 역시 권세들의 실제적인 영향에 주의를 기울이셨다. 예수는 그가 기도하는 사이 잠든 제자들을 노리던 사탄과 가룟 유다와 베드로 뒤에 있던 마귀를 잘 알고 계셨다. 즉 권세들은 은유의 풍성한 상상력에서 생명을 공급받아 형이상학 속에서 연명하는 것이 아니라 이 세상 현실을 바탕으로 역사하는 실존적인 것이다.

베르코프는 권세들이 더 잘 드러나는 시기와 장소가 있다고 언급한다. 우리는 세월호 참사를 통해 권세들의 역사를 뚜렷이 목격하였다. 국가 권력, 사법 제도, 행정 체계, 종교구원파 뿐만 아니라 기독교 안에서도 등 사회 총체적인 구조가 타락한 권세들의 손아귀에 놀아나는 것을 보았다. 이 끔찍한 사건을 통해 여러 분야에 도사린 권세들은 사람들에게 절망을 심어주고 서로 간에 뿌리 깊은 불신을 심어 사회 전체를 병들게 하였다. 우리 손으로 뽑은 지도자의 모습에서 우리는 권세를 보았다. 우리가 세운 행정 체계 속에서 자기 보신을 위해 타인의 목숨을 경시하는 자들을 통해 권세를 보았다. 심지어 우리는 일부 목사들의 언행 속에서 적그리스도적 권세를 보았다. 마치 군대 귀신이 들린 자처럼 세월

호는 여러 권세를 환히 드러내며 침몰하였다.

이런 타락한 권세들에 대한 관점은 월터 윙크의 3부작에서 훨씬 더 자세히 살펴볼 수 있다. 윙크는 이런 권세들을 물질적 구조의 영적 차원으로 보았다. 자끄 엘륄도 타락한 권세들이 이 세상에서 인간의 가치를 말살시키고 믿음를 꺾는다고 보았다. 우리는 이런 권세들이 우리 사회뿐만 아니라 예수를 죽인 장본인이기도 한 사실을 기억해야 한다. 근래에 J. 데니 위버는 『비폭력 속죄』*The Nonviolent Atonement*에서 하나님의 통치를 이 세상에 드러내려고 타락한 권세들이 예수를 죽이기로 공모했다고 주장하며, 그리스도를 수동적 희생자가 아닌 악에 대한 적극적 대응자로 보는 내러티브 승리자 그리스도론을 주창하였다.

위에서 언급한 비폭력 전통에 속한 학자들뿐만 아니라 칼빈주의자들도 권세들에 대한 이런 관점을 견지하고 있다. 존 하워드 요더가 후기에서 언급한 바와 같이, 리처드 마우는 『정치와 성서의 드라마』에서 왜 정치와 경제가 신학과 결별해서는 안되는지 설명하며 권세들의 지배가 아니라 하나님의 '지배'가 필요하다고 역설한다. 니콜라스 월터스토프는 『정의와 평화가 입맞출 때까지』에서 민족주의와 국수주의를 비판하며 타락한 구조의 개혁을 부르짖는다. 그는 여기서 엘륄에 대한 잘못된 해석을 바로 잡아주기까지 하며 권세에 대한 엘륄의 관점을 길게 인용한다. 나아가 전신갑주의 방어적 역할을 강조한 베르코프와 달리 칼빈주의자들은 더 급진적인 사회 개혁을 추구한다.

　베르코프가 누차 강조하는바, 십자가에서 정체가 탄로 난 권세들은 다시는 이전 상태로 '복귀'할 수 없다. 이들 역시 구원의 대상이다. 따라서 베르코프는 6장에서 '기독교화'라는 개념을 도입한다. 개정판 서문에서 보는 바와 같이, 비록 그는 더는 그런 개념을 사용하지 않지만 우리는 '기독교화'로써 그가 어떤 실천적 의미를 교회에 부여하고자 했는지 잘 이해할 수 있다. 물론 여기서 베르코프를 둘러싼 '비신화화'와 '신화화' 사이의 논쟁은 한층 더 거세지지만 신화화에 관한 신학적 유행이 지나간 지금 다시 논할 필요는 없다. 그리고 우리는 그의 연구가 적용적 측면보다는 권세들에 대한 바울의 신학에 집중하고 있음을 기억해야 한다. 그가 후기에서 밝힌 바대로 적용과 실천은 우리의 과업이다. 베르코프는 무심하리만큼 후학들과 독자들에게 공을 넘긴다. 정치, 경제, 사법, 과학기술, 문화콘텐츠, 교육, 종교, 국방, 의료복지 분야에 이르기까지 우리 삶의 구조를 형성하는 권세들과 씨름하며 지지 않고 선으로 악을 이길 때, 오늘의 비극은 재발하지 않을 것이다.

영국 옥스퍼드에서

윤성현

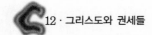

영역자 존 하워드 요더의 서문

이 책은 프로테스탄트 신학의 주류가 최근까지 완강히 무시해온 보기 드문 성서의 주제를 다룬다. 유령이나 산타 할아버지를 믿지 않는 세대는 성서가 특별히 사도 바울이 '권세들'에 관해 말하는 방식에 당혹스러움을 감추지 못한다. 성서는 권세들을 무어라 정의할 수 없는 어떤 천상의 존재들로 언급하되, 그들이 단지 존재할 뿐아니라 그리스도의 사역에 어떤 방식으로든 연루되어 있었다고 말한다.

권세에 관한 문제를 전반적으로 어떻게 다룰지 모를 때에는 이 주제를 그저 묵은 것으로 치부해버리는 것이 가장 쉬운 방법이었다. 그런 뒤에 랍비 형이상학이나 묵시 천사론 같은 것들과 아무 상관도 없는 자신의 기호나 성향에 따라 역사철학, 국가관, 문화신학을 자유롭게 발전시켰다. 성서가 말하는 내용이 부적절해 보였으므로 바울 사상의 형태에서 벗어난 이런 해방은 큰 도약을 기약하는 듯했다. 하지만, 정작 지난 수년 동안, 묵은 것이 아닌 최신의 것이 가져다줄 것이라 믿었던 더 나은 명료함, 그리고 문화의 구성과 국가를 이해하게 하는 기독교 세계관은 이목을 끌었다고 볼 수 없다. 너무나 현대적이어서 바울과 같은 생각을 할 수 없는 우리는 스스로 무엇을 생각해야 하는지도 확실히 모르고 있다.

헨드리쿠스 베르코프 교수는 대담하거나 단순한 믿음으로 정반대의 전제에서 출발한다. 당시 상당한 지식인이었던 바울이 말하고자 했던 바가 있었다면, 또 그것을 자신의 언어로 신중히 말하고 있다면, 나아가 사도인 그가 자신이 말하는 것에 대해 잘 알고 있었다면, 기독교 학문의 과업이 성서 자료들의 적절성에 대한 판단을 내린 후가 아니라 그런 판단을 내리기 전에 그들을 연구하는 것이라면,^{이런 태도는 바울이 유령과 요정에 대해 생각하는 바에 대한 사전지식 없이 그가 쓴 글을 읽었을 때 나타날 수 있}을 것이다 우리는 유익을 취할 수 있을 것이다.

벌코프는 하나하나 돌을 쌓아올리듯 정말 신중하고 겸손하게 과거 우리가 잃었던 바울 사상의 구조 일부를 재건한다. . 따라서 독자들은 얼마만큼이나 우리 지각의 독창성이 그로부터 유익을 얻고 있는지 눈치 채기 어려울 수도 있지만, 그것이 참으로 듬직하다는 사실을 깨닫게 되면 놀랄 것이다. 심지어 현대인들에게서도 자신이 속해있지 않은 세계가 가진 내적 논리와 개연성을 배우려는 자세를 보여주는 사상은 찾아보기 힘들다.

사실 지금은 여러 성서 신학자들의 연구 덕에 베르코프 교수가 여기서 말하는 바가 네덜란드에서 이 책이 처음 출간되었을 때만큼이나 새롭지는 않다. 그러나 '권세들'의 중요성에 대한 관심이 순식간에 신학자들의 전유물이 되어가는 동안에도 이를 더 널리 사려 깊은 평신도들과 함께 나누고자 하는 번역 작업은 되지 않고 있었다. 헤럴드 출판사 Herald Press는 이 책이 담고 있는 유익한 주해를 많은 독자가 접할 수 있도록 따뜻하게 격려해주었다.

베르코프 박사는 네덜란드 드리베르헌에 있는 개혁교회 신학교Theo-

logical Seminary of the Netherlands Reformed Church의 총장으로 10년간 봉직하였으며 1960년에는 레이던대학University of Leiden의 교의학과 성서신학 교수직을 맡았다. 가장 주목해야 할 그의 저서로는 『교회사 교과서』와 『교회와 가이사』The Church and Caesar, 콘스탄틴 시대의 교회와 국가의 관계에 대한 연구, 『역사의 의미, 그리스도』Christ the Meaning of History를 꼽을 수 있을 것이다.

그는 세 차례에 걸쳐 세계교회협의회WCC 중앙위원회 회원으로 선출되었다.1954-1975 1974년부터는 네덜란드 교회협의회 회장으로 역임하였다. 『그리스도와 권세들』은 영문으로 번역된 그의 첫 저서이다. 뒤이어 출간된 책으로는 『역사의 의미, 그리스도』, 『성령론』The Doctrine of the Holy Spirit, 『확고한 희망』Well-Founded Hope, 『기독교 신앙』Christian Faith이 있다.

인디애나 엘카트에서

존 하워드 요더

저자의 개정판 서문

이 책은 처음 네덜란드에서 출간된 지 24년, 약간의 추가적인 내용이 더해진 영역판이 나온 지는 15년이 되었다. 그리고 이제 새로운 개정 영역판이 나오게 되었다. 이를 기념하며 이 책의 변천사에 대해 잠시 돌아보고자 한다.

이 책은 1950년에 독일에서 개최된 한 신학 학회에서 강의한 내용이 바탕이다. 냉전 시대 초기 몇 년간 참담하고 분열된 독일의 상황에 대해 조금이라도 아는 이들은 이 책이 그런 상황을 반영하고 있음을 눈치챌 수 있을 것이다. 청중들은 강의가 책으로 출간되기를 끊임없이 요구했지만 다른 일 때문에 출판을 미뤄둬야 했다. 따라서 1953년에 이르러서야 이 책은 네덜란드에서 출간되었다. 그리고 네덜란드에 있는 출판사에서 독일에 있는 몇몇 출판사에 번역 출간을 제안하였지만, 누구도 관심을 보이지 않았다. 나는 그 원인이 삼 년간 서독에서 일어난 큰 변화에 있다고 보는데, 이 때 서독에서의 긴장은 큰 폭으로 감소하였으며 복리수준은 날로 증가하였다.

얼마 후 칼 바르트Karl Barth의 비서 샬로테 폰 키르쉬바움Charlotte Von Kirschbaum양이 자신이 이 책에 깊은 감명을 받아 바르트가 편집하던 『신학연구』Theologische Studien 시리즈에 수록하기 위해 독어로 번역하였

다고 알려주었다. 그러나 얼마 지나지 않아 바르트가 이 책을 그 시리즈에 넣을 수 없다고 결정한 사실을 안타까워하며 그녀는 내게 서신으로 알려주었다. 1955년 여름, 나와 바르트가 다른 일을 두고 대화하던 중에 바르트는 이책을 시리즈에 넣지 않은 것에 대해 장황히 사과했다. 바르트는 내가 권세들을 너무 '신화화'mythologizing하고 있다고 생각했기에 자신의 신학이 불트만Bultmann과 그의 제자들에게 집중 공세를 받고 있던 당시 그런 출간을 허용할 수 없었다고 말했다.

그 뒤 불과 몇 년 후 요더 박사의 눈에 이 책이 띄었다. 나의 저서 중 이 책이 처음으로 영문으로 번역된 데에 있어 그에게 빚을 졌다. 이 지면을 빌어 그가 진취적으로 번역해준 것에 대해 감사를 표하고 싶다. 또한, 그와 더불어 무명의 저자가 쓴 책을 미국 시장에 선보이는 결단을 내려준 헤럴드 출판사에도 감사한다. 물론 그들이 개정판에 대해서도 관심을 가져준 일도 기쁘게 생각하는 바다.

몇 년의 시간이 지난 뒤 나는 이 책이 이제는 현시대에 중요하지 않다고 확신하게 되었다. 하지만, 그 뒤 미국에서 공부한 하루요시 후지모토Haruyoshi Fujimoto 목사의 수고로 영어에서 일어로 번역이 완료되었다는 사실을 알게 되었다. 당시1969 일본은 문화의 방향을 둘러싼 많은 의문을 일으켜준 학생 시위에 휩싸여 있었다. 내 기억에 따르면 다케나카Takenaka 교수가 번역을 착수시켰다.

그로부터 9년이 지난 지금 1977년, 내 주의를 끄는 세 가지가 있다.

먼저는 이 책이 네덜란드어에서 인도네시아어로 번역되고 있다는 사실이다. 소수의 인도네시아 신학자들이 이 책에 흥미를 가지게 된 까닭은 인도네시아 교회들이 전통적인 관습법일명 '아닷'의 우위에 저항하는 전투를 수행해야 하기 때문이며, 그 나라의 빠른 경제 성장에 발맞춰 앞으로의 방향을 설정해야 할 책임 때문이다. 두 번째는 요더 박사가 영역판이 재판되었다는 사실을 알려준 것이다. 영역판은 처음에는 거의 팔리지 않다가 최근에는 갈수록 자주 인용되고 잘 팔렸기 때문이다.

세 번째는 기독교 윤리를 다루는 칼 바르트의 마지막 강의 출판물에서 발견한 것으로 이는 애초에 그의 『교회교의학』 IV권 4부 『그리스도인의 생활』*Das Christliche Leben*을 구성하기 위함이었다. 그 책에는 주기도문에 대한 부분적인 주해가 나온다. 바르트는 두 번째 청원인 "나라가 임하옵시며"에서 그가 "반역적인 권세들"이라 부르는 '세력들' forces에 관하여 광범위한 설명을 하고 있다. 나는 바르트가 이 소재를 다루는 방식을 보고 매우 놀랐다. 물론 그의 방식은 여기서 내가 보여준 것보다 그지없이 더 깊지만 방향은 같았다. 나는 이 심화된 방식에 동감한다. 나는 바르트가 이 강의를 할 때 특히 관심 있게 지켜보았는데, 그는 더는 '신화화'에 대해 개의치 않는 것이 분명했다. 바로 그것은 일전에 그가 나를 선뜻 비판했던 이유이다. 반대로 이제 그는 권세들의 권세를 바라볼 시각을 잃은 합리적-과학적 세계관을 가진 근대정신과 싸우고 있었다. 따라서 그는 "심지어 오늘날에도 참으로 의식적인 신화화를 통

해서만 그들에 대해 말할 수 있다"고 진술한다.p. 367

　나는 왜 이 모든 것을 언급했는가? 그것은 바로 이러한 사도 바울의 사고방식을 알아볼 수 있는 능력이 독자가 자기 고유의 문화를 이해하고 경험하는 방식과 얼마나 연관되어 있는가를 보여주는 것으로 여겨지기 때문이다. 이런 텍스트가 봉인된 채로 남아있는 지역과 때가 많이 있다. 그러나 이런 말씀이 숨은 것을 드러내고 속박에서 해방하는 힘이 있음을 깨닫게 하는 환경이 갑자기 유발될 수 있다.

　이 책의 영문 개정판을 다시 출간하는 과정에서 어느 정도 손을 보아야 할지 숙고해야만 했다. 사반세기가 지난 지금 책 전체를 다시 써야 한다는 의견에 큰 공감대가 형성될 것이다. 세계정세는 크게 달라졌으며 이는 신학적 방법론에서도 마찬가지다. 나는 이제 예전처럼 큰 획을 그릴 수 없을 듯하다. 사회학과 해석학적인 측면 모두에서 많은 것이 형식에 있어 보다 정제되고 세밀해졌기 때문이다. 이처럼 교회와 세상의 대립도 내가 여기서 서술한 것보다 훨씬 더 복잡해졌다. 나는 교회 안의 권세들에 설명함에 있어 훨씬 더 엄밀해져야 할 것이다. 내가 이미 상당히 한정하고 수정한 6장의 "기독교화"Christianization 개념은 이제는 전혀 쓸모 없을 듯하다. 또한, 이념들에 대해서도 더 많이 언급해야 할 것이다. 인간관계를 유지하고 고취하는 이념들의 역할을 경시한 것은 상당히 위험한 일임이 분명하다. 물론 이외에도 더 언급해야 할 것들이 있을 것이다.

하지만, 그런 점들을 수정하지 않고 원래대로 두었다. 그냥 내버려
둔 개인적인 이유는 글쓴이에게 있어서 자기 글을 다시 쓴다는 것은 지
극히 어렵기 때문이다. 객관적인 이유로는 다시 쓰는 수고를 감내하기
에는 영적이고 실제적인 차이점이 너무 적기 때문이다. 이 책의 '메시
지'는 여전히 나 자신의 것이기 때문이다. 이후에도 계속해서 내 생각
은 깊어져 갔다. 더 넓은 상황 속에서 어떻게 그런 생각이 녹아 들어갔
는지 보려는 이들은 『역사의 의미, 그리스도』를 읽어보면 될 것이다. 이
책은 내가 1952년에 처음 썼을 때나 재판이 발행된 이제 와서나 여전히
'발견의 기쁨'이 주는 산뜻함을 맛보게 한다. 이처럼 그 책을 처음 읽는
독자들도 그런 기분을 느끼기를 바란다.

1953년의 초판과 번역본이 나오는 사이 발행된 다른 자료들 일부를
각주 19에 정리했다. 유일하게 손을 본 곳이다. 그 외는 똑같다. 새로운
독자들이 이 책에서 무엇을 깨닫든 간에 그것이 위대한 사도 바울을 더
잘 이해하고 또 어느 시대를 막론하고 성서에 그 시대를 위한 말씀이
있음을 경험하는 데 유익하기를 소망한다.

네덜란드 우흐스트헤이스트에서

헨드리쿠스 베르코프

1장. 기독교 사상에 대한 도전으로서 권세들

서론

사도 바울은 그리스도에 대한 그의 믿음과 관련하여 분명한 역할을 맡은 우주적 권세들을 여러 차례 언급하고 있다. 일단 이 모호한 구절을 우리가 연구하려는 실태를 기술하는데 충분하게끔 하여야 한다. 바울은 그들을 '권세들' 엑수시아, exousiae이라 일컫는데, 여러 다른 명칭도 더불어 사용하고 있다. 우리는 어떤 의미에서 바울이 이런 말을 사용하는지 알려면 이런 언급들이 있는 본문들을 살펴보아야만 한다. 여기서는 신약성서에 나오는 순서대로 인용해보도록 하자.[1]

> 내가 확신하노니 사망이나 생명이나, 천사들이나 권세들이나, 현재 일이나 장래 일이나, 능력이나, 높음이나 깊음이나, 다른 어떤 피조물이라도 우리를 우리 주 그리스도 예수 안에 있는 하나님의 사랑에서 끊을 수 없으리라. 로마서 8:38-39

---

[1] 여기에 언급되는 성구들은 한 종류의 영역본에서 가져온 것이 아니다. 오늘날에는 여러 종류의 영역 성서들이 있기에 네덜란드역본에 가장 유사해 보이는 것으로 선택하였다.

이 지혜는 이 세대의 통치자들이 한 사람도 알지 못하였나니, 만일 알았더라면 영광의 주를 십자가에 못 박지 아니하였으리라.^{고린도전서 2:8}

그 후에는 마지막이니 그가 모든 통치와 모든 권세와 능력을 멸하시고 나라를 아버지 하나님께 바칠 때라. 그가 모든 원수를 그 발 아래에 둘 때까지 반드시 왕 노릇 하시리니 맨 나중에 멸망 받을 원수는 사망이니라.^{고린도전서 15:24-26}

그의 능력이 그리스도 안에서 역사하사 죽은 자들 가운데서 다시 살리시고 하늘에서 자기의 오른편에 앉히사 모든 통치와 권세와 능력과 주권과 이 세상뿐 아니라 오는 세상에 일컫는 모든 이름 위에 뛰어나게 하시고.^{에베소서 1:20-21}

그는 허물과 죄로 죽었던 너희를 살리셨도다. 그때에 너희는 그 가운데서 행하여 이 세상 풍조를 따르고 공중의 권세 잡은 자를 따랐으니, 곧 지금 불순종의 아들들 가운데서 역사하는 영이라.^{에베소서 2:1-2}

이는 이제 교회로 말미암아 하늘에 있는 통치자들과 권세들에게 하나님의 각종 지혜를 알게 하려 하심이니.^{에베소서 3:10}

우리의 씨름은 혈과 육을 상대하는 것이 아니요 통치자들과 권세들과 이 어둠의 세상 주관자들과 하늘에 있는 악의 영들을 상대함이라.^{에베소서 6:12}

만물이 그에게서 창조되되 하늘과 땅에서 보이는 것들과 보이지 않는 것들과 혹은 왕권들이나 주권들이나 통치자들이나 권세들이나 만물이 다 그로 말미암고 그를 위하여 창조되었고.^{골로새서 1:16}

통치자들과 권세들을 무력화하여 드러내어 구경거리로 삼으시고 십자가로 그들을 이기셨느니라.^{골로새서 2:15}

우리가 이런 본문들을 읽는 즉시로 바울이 사용하는 다양한 용어들 통치자들, 권세들, 왕권들, 주권들이 여러 종류의 권세들을 일컫는 것인지, 아니면 여러 기능을 뜻하는지, 혹은 대략 포괄적인 종류들을 가리키는 다양한 이름을 말하는 것인지 의구심이 생긴다. 그 다양한 용어들이 구별된 의미를 가졌는지 분명히 알 방법이 요원하다면 그런 구별은 바울의 메시지를 이해하는 데 필수적이지는 않을 것이다. 우리가 한 용어를 찾아보고, 다음에는 두 개를 알아보고, 그다음에는 세 개, 네 개를 알아본다는 사실은 결국 같은 방향을 가리키기 때문이다. 더 정확히 말하자면 우리는 바울이 다양한 표현들을 사용함으로써 권세들의 수와 다양성을 대략 말하고자 했다는 인상을 받는다.

권세들에 대한 새로워진 중요성

지난 세기에 바울의 믿음과 사상의 이런 부분에 심혈을 기울인 사람은 거의 없었다. 누군가 거기서 천사와 사탄에 대한 종래의 정통 교리를 확인할 때 다른 누군가는 그런 문제에 시간을 허비하지 않는 더 계몽된 세대와 더불어 그들을 바울 사상에 있는 퇴색된 신화의 흔적으로 보았다. 지치지 않는 지식 탐구가 특징이었던 19세기에도 이런 문제들 역시 다루어졌지만, 눈에 띄는 결과 없이 오로지 부수적으로 다루어졌다. 성서의 어떤 측면은 특정한 시대에 특별히 주어진 세대에게 말씀하는 바와 같이 어떤 부분은 온전히 봉인된 채로 남아 있다. 권세들에 대한 바울의 교리도 이런 경우였다.[2]

---

2) 오토 에벨링(Otto Everling)은 자신의 저서 『바울의 천사론과 귀신론』(Die paulinische Angelologie und Dämonologie, Göttingen, 1888)의 서론에서 "바울의 사상계에서 전적으로 부차적인 중요성을 가지는 이 부분은 너무 자명한 것으로 받아들여져서 거

현세기에 도래하는 변화는 무엇보다 독일 신학의 영향 때문이다. 특히 독일인들은 그 특성과 최근의 역사 모두를 통해 '권세들'에 대한 새로운 이해를 받아들일 준비가 되었다. 제1차 세계대전을 비롯하여 특히 나치즘의 발발 이후로 일부 신학자들은 새로운 시각으로 이런 본문들을 독해하기 시작했다. 그들은 이런 본문들이 퇴색된 것이 아니라 그 시대의 분위기에 강렬히 울려 퍼지는 힘이 있다는 사실을 발견하였다.[3]

기에 특별히 주의를 기울이지 못하는 것으로 보인다"고 언급한다(p. 4)

3) 이 발견을 하인리히 슐리어(Heinrich Schlier)가 마부르크에서 강사직 취임 강연을 할 때 처음으로 다루어졌다. 『신약에 나오는 통치자들과 권세들』[*Mächte und Gewalten im Neuen Testament*(Theologische Blätter, IX/11, Nov. 1930, cols. 289ff)]에서 슐리어는 비교종교학에서 이런 개념들의 배경이 연구되었지만 "우리는 대체로 기독교 전통과 성경이 마귀들과 귀신들에 대해 말할 때에 한정된 삶의 경험들을 고려하고 있을 수도 있는지, 또 그런 경험들이란 대체 무엇인지 묻지조차 않았다"고 말한다. 우리가 제대로 이해 했다면 여기서 하이데거(Heidegger)와 불트만의 마부르크 대학의 반향을 감지할 수 있다. 슐리어는 불트만과 더불어 권세들이 객관적 실재들이 아니라 인간의 '자기이해'의 투사라고 본다. 이것은 슐리어의 철학적 편견으로 의심의 여지가 분명하다. 그러나 그는 이런 식으로 권세들에 대한 바울의 관점의 타당성을 신중히 물었다.

권터 덴(Günther Dehn)은 칼 바르트에게 헌정된 『신학논총』(*Theologische Aufsätze*, Münich, 1936)에 자신의 저명한 논문 "천사와 권세"(Engel und Obrigkeit, pp. 90–106)를 발표하였다. 덴은 로마서 13:1에서 바울이 국가를 '권세'로 부르는 것과 다니엘 10:13,10을 언급하며 권세들은 특별히 국가 안에서 나타나는 것으로 보았다. 이 논문의 출간일을 고려해보면 그런 생각이 고백교회 비전의 산물이라는 것을 알 수 있다. 이런 해석을 두고 광범위한 토론이 벌어진 것은 당연한 일로 여기에는 K. L. 슈미트(Schmid, 일찍이 이런 방향을 가리켰다), E. 스타우퍼(Stauffer), G. 키텔(Kittel), O. 에크(Eck), H. 푹스(Fuchs)를 비롯하여 후에는 K. 바르트, 린하르트(Leenhardt), 쿨만(Cullmann)이 참여하였다. 특히 키텔은 긴 글을 통해 신랄하게 덴의 주장에 반대했다(*Christus und Imperator*, Stuttgart–Berlin, 1939).

이로써 권세들의 문제가 정치적인 사안에만 치우치게 되어 성경적–신학적 연구가 난관에 봉착하도록 만든 것은 이해하지 못할 바가 아니라해도 안타까움을 금할 수 없다. 언급하지도 않았고 또 간략히 설명할 수 있는 것도 아님이 분명하지만 로마서 13장에 나오는 무척 일상적인 단어 '권세들'은 우리가 연구하고 있는 텍스트에서 바울이 말하고 있는 '권세들'과 결부시켜야만 한다. 아무튼 우리가 좀 더 살펴볼 바와 같이 바울은 훨씬 더 광의의 차원에서 세상과 권세들 사이의 관계를 이해하고 있으며, 우리는 광범위한 맥락 안에서만 국가에 관해 논할 수 있을 것이다. 슈미트는 그의 논문 "바울에게 나타나는 자연과 사회의 권세들"("Die Natur– und Geisteskräfte bei Paulus" in *Eranos–Jahrbuch*, Zürich, 1947, pp. 87–143)에서 이 문제를 좀더 넓은 틀 안에 둔다. 그렇지만 아쉽게도 빈약한 구성과 수시로 흐트러진 논지로 인해 거의 영향을 미치지 못했다. 그 다음으로는 W. 알더스

비교종교학적 배경

바울이 '통치자들,' '권세들,' '왕권들' 등과 같은 말을 할 때, 도대체 무엇을 말하는 것인지 한층 더 분명히 이해하려면 이런 용어들과 개념들이 그 시대 사람들이 사용한 말이었는지, 혹은 그가 잘 알던 다른 종교들에서도 쓰이던 말이었는지 살펴보아야 한다. 이런 방면에서 최근 몇십 년간의 연구는 바울 사상이 당시의 학구적, 종교적 환경과 단절되어 있지 않았다는 점을 보여 준다. 그것은 우리가 바울 당시의 헬라 철학이나 전체적인 근동의 종교 사상에서 유사 병행구를 발견할 수 있다는 점 때문이 아니라, 그 당시를 비롯한 바로 직전의 유대 묵시문학에 나타난 특정 사고방식과 매우 독특한 연관성을 볼 수 있기 때문이다. 천상의 신비를 설명하는 이런 작품들은 '권세들,' '왕권들'과 같은 것들을 천상에서 높낮이가 다른 계층에 속한 천사들의 계급으로 이해한다. 이에 대해서는 당시 모든 유대 사상이 천사들과 그들이 지상의 일에 미치는 영향력에 대해 깊은 관심을 나타내었다. 또한, 랍비문학에서도 천사들이 자연의 힘별, 눈, 우박에 대한 권한을 가지고 있다는 견해가 담긴 글을 볼 수 있다. 즉 하나님이 직접적으로 세상을 통치하는 것이 아니라 수없이 많은 천사를 통해 하신다고 여겨졌다는 말이다. 성서의 독자들은 묵시문학인 다니엘서에서 세상의 왕국들을 통치하는 "가장 높은 군주"개역개정판과 달리 표준새번역은 "천사장"으로, 공동번역은 "일곱 수호

(Aalders) 박사의 『문화와 성례』(*Cultuur en Sacrament*, Nijkerk, 1948)가 마땅히 살펴볼 만한데, 여기서 그는 천사의 권세들과 스토이케이아(stoicheia, 각주 6을 참고 할 것. Aalders' p. 63ff)에 관해 상세하고 적절하게 논한다. 그는 이 문제에 중차대한 통찰을 전개해 나간다. 하지만 그는 권세들에 대한 낙관적이고 옹호적인 역할에 편향적으로 집중함으로써 비합리적인 결론에 이른다.
전후 독일에는 권세들에 관한 많은 글과 말이 오갔다. 그러나 내가 주목하는 것은 이러한 데에는 지나치게 전후 사고방식의 흔적이 남아있을 뿐만 아니라 전문적이지 못한 이런 주해는 지속적인 중요성을 가지지 못한다는 사실이다.

신 가운데 한 분"으로 옮기고 있다 – 역주를 돕는 천사들을 언급하는 사실을 기억할 것이다.다니엘 10:13, 20 이 모든 점은 당시 근동의 자연종교들이 대개 '귀신'으로 불린 신과 세상 사이에 있는 중간적 존재들의 계층을 믿었다는 사실을 고려할 때보다 넓은 일정한 패턴에 들어맞는다. 다시 말하지만, 권세들에 대한 바울 교리의 배경을 너무 넓게 잡지 않도록 주의해야 한다. 그가 사용하는 용어가 우리로 하여금 이제까지 언급된 유대 묵시문학을 살펴보도록 한다는 점은 분명하다.[4]

그러므로 바울이 사용한 '권세들'이라는 용어는 자기 혼자 만든 용어가 아니라는 결론을 내릴 수 있다. 그렇다고 해서 바울이 유대 묵시에서 직접적으로 그런 용어를 차용했다고도 말할 수 없다. 우리가 그 정도까지 알 수 있는 것은 아니기 때문이다. 하지만, 적어도 이런 용어들이 바울의 독자들에게 새로운 종교적 어휘가 아니었던 것은 확실하다. 실제로 우리에게는 흐릿하고 무의미하게까지 들리는 이런 용어에 속한 세부적 어휘들이 당시에는 뚜렷하고 중요했다고 분명히 추정할 수 있을 것이다. 바울이 특히 여러 가지 이름들을 사용하여 권세들을 지칭한 것은 사실이다. 비록 우리가 바울의 용례에서 실제적인 차이점을 찾지 못한다고 해도, 예로 「에녹서」Enoch에서 그런 이름들은 천사들의 다양한 구분들을 가리키는 '전문적인' 명칭이다. 이런 사실은 바울이 그런 용어들을 만든 것이 아니라 차용했다는 점을 시사한다.

따라서 이런 질문들이 생긴다. 바울은 그런 용어들에 당시 통용되었

---

4) 디벨리우스는 상기 언급된 책에서 유대와 이방 사상 모두에서 바울의 사상에 대한 배경을 설명하는 막대한 자료들을 집성하였다. 이와 같이 키텔의 『신약성경신학사전』(Theologisches Wörterbuch zum Neuen Testament)도 그런 참고 자료들을 수록하고 있다(다음 항목들을 참고할 것. angelos, dynamis, exousia). 특히 기원전 1세기 묵시문학인 「에녹서」에는 바울 서신에 중요한 병행구들이 들어있다.

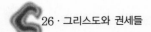

던 의미와 다른 의미를 부여했는가? 그렇다면, 그 의미는 어느 정도까지 다른 것인가? 이 질문들에 대한 대답은 뒤에서 다루겠지만, 연구의 원활한 진행을 위해 묵시문학과 랍비문학에 나타나는 권세들에 대한 관점의 핵심만을 간추려보도록 하자. 권세들에 대한 변치 않는 두 가지 사실이 존재한다. 1-그들은 인격적이고 영적인 존재이다. 2-그들은 지구상의 일, 특히 자연 속에서 생기는 일에 영향을 미친다. 이 사실을 주지하고서 이제 우리는 바울이 똑같은 어휘로 무엇을 말하려고 했는지 연구할 것이다. 그렇게 하면서 우리는 그런 특징적 의미들이 바울의 용례에도 당연히 해당한다고 여기지 말아야 한다. 보통 그렇게 여겨 왔을지라도 이는 과학적으로 타당하지 못하기 때문이다. 권세들이란 용어가 바울에게 어떤 의미였는지 알려면 바울 자신의 말에 귀 기울여야만 한다. 그런 다음에야 우리는 그가 당시에 쓰던 그 용어의 의미를 차용했는지, 그랬다면 어느 정도까지 그렇게 했는지 언급할 수 있을 것이다.

2장. 권세들에 대한 바울의 개념

먼저 로마서 8장에 나오는 친숙한 구절을 살펴보도록 하자.

> 내가 확신하노니 사망이나 생명이나, 천사들이나 권세자들이나, 현재
> 일이나 장래 일이나, 능력이나, 높음이나 깊음이나, 다른 어떤 피조물
> 이라도 우리를 우리 주 그리스도 예수 안에 있는 하나님의 사랑에서
> 끊을 수 없으리라.[38-39]

만일 우리가 권세들을 천사들이나 천사들의 계급으로 생각하던 참
이었다면 이 본문은 다소 당혹스러울 수 있다. 여기서 천사와 같은 명
칭들은 인격적이고 영적인 존재들을 지칭하지 않는 것이 분명한 다른
명사들과 나란히 나타난다. 오히려 나열되는 순서가 가장 주목할 만하
다. 사망 – 생명 – 천사들 – 권세자들 – 현재 일 – 장래 일 – 능력 – 높
음 – 깊음의 순서로 나열된 후 모두 "피조물"이라는 표제 아래로 압축
된다. 바울은 우리의 지상적 존재의 일부이자 통치의 역할을 담당하는
여러 실재에 명칭을 부여하고자 하는 것이 분명하다. 이는 이런 종류의
목록을 담은 다른 구절에서 훨씬 더 명백히 나타난다. 바로 고린도전서
3장 22절이다.

바울이나 아볼로나 게바나, 세계나 생명이나 사망이나, 지금 것이나 장래 것이나 다 너희의 것이요.

천사 같은 권세들에 대한 명칭은 빠져 있지만, 바울은 여기서도 고린도의 삶을 지배하던 경험적 실재들의 명칭을 분류하려고 한다. 이런 실체들이 모두 인격적인 것은 아니며 더구나 천사들인 것도 아님이 분명하다. 바울이 저런 추상적인 개념들의 목록에 천사 같은 권세들의 이름을 넣을 수 있었을 거라는 사실은 그가 강조하고자 하는 바가 그들의 인격적이고 영적인 본질이 아니라 위에서 언급된 두 번째 특성, 즉 이런 권세들이 지상적 삶에 영향을 미친다는 점에 있다는 것을 나타낸다.

이제 고린도전서 2장 8절을 살펴보자.

이 [숨겨진 하나님의] 지혜는 이 세대의 통치자들이 한 사람도 알지 못하였나니, 만일 알았더라면 영광의 주를 십자가에 못 박지 아니하였으리라.

거의 모든 주석가들이 언급하는 바와 같이 이 구절에 나오는 "이 세대의 통치자들"은 인간이 아니라 바울이 다른 곳에서 언급하는 "권세들"과 동일한 초지상적 실체들임이 분명해 보인다. 로마서 8장 38절 이하와 달리 여기서 그들은 분명히 인격적인 측면을 가진다. 그들이 영광의 주를 십자가에 못 박았다. 그러나 동시에 바울의 역점은 여전히 권세들과 인간 역사 사이의 관계에 있는 것으로 보인다. 대제사장들과 서기관들은 헤롯과 빌라도와 더불어 예수를 십자가에 못 박았다. 이는 다른 말로 유대 신앙과 율법이 로마 제국과 결탁한 결과이다. 이런 가시적인 권위의 안팎에서 바울은 보이지 않는 더 높은 권세들이 작용함을 보았다.[5]

그리스도의 십자가형과 권세들의 관계는 골로새서 2장에서 더욱 풍성하게 다루어진다. 이는 아마도 그들의 역할을 이해하는 데에 가장 유익한 부분일 것인데 특히 8절과 14절 이하, 20절 이하에서 그렇다.

> 누가 철학과 헛된 속임수로 너희를 사로잡을까 주의하라. 이것은 사람의 전통과 세상의 초등학문스토이케이아, stoicheia을 따름이요 그리스도를 따름이 아니니라. … 통치자들과 권세들을 무력화하여 드러내어 구경거리로 삼으시고 십자가로 그들을 이기셨느니라. 그러므로 먹고 마시는 것과 절기나 초하루나 안식일을 이유로 누구든지 너희를 비판하지 못하게 하라. 이것들은 장래 일의 그림자이나 몸은 그리스도의 것이니라. … 너희가 세상의 초등학문stoicheia에서 그리스도와 함께 죽었거든 어찌하여 세상에 사는 것과 같이 규례에 순종하느냐.곧 붙잡지도 말고 맛보지도 말고 만지지도 말라 하는 것이니 이 모든 것은 한때 쓰이고는 없어지리라 사람의 명령과 가르침을 따르느냐.

성구를 인용하면서 스토이케이아stoicheia라는 헬라어를 병기하였다. 이 원어는 개역개정판에서 "초등학문"으로, 표준새번역에서는 "세상의 유치한 원리"로 번

---

5) 이 구절은 권세들과 국가 간의 관련성을 서술하는데, 이는 로마서 13장 만으로 입증될 수 없다. 다만 국가는 권세들이 스스로를 드러내는 수많은 지상의 실재들 중 하나일 뿐이다[참고. 오스카 쿨만(Oscar Cullmann), 『신약성경에 나타난 국가』(*The State in the New Testament*, Scribners, 1956, pp. 50–70, 95–114); 또한 『그리스도와 시간』(*Christ and Time*, Westminster, 1950, pp. 191–210)].

역된다. 각주 6을 참고할 것 - 역주 바울이 항상 그것을 "통치자들과 권세들"과 결부시켜 사용한다는 사실은 문맥을 통해 분명히 알 수 있다. 그렇다면, 이는 그런 존재들을 일컫는 다른 이름이거나 그 속에서 권세들이 작용하는 지상적 존재들에 대한 집합적 용어일 것이다. 따라서 우리는 우선 그 어휘의 의미를 정확히 파악하려 애써야 한다.[6]

---

6) 스토이케이아(stoicheia)는 중성 복수 형태로 "한 줄로 섬"을 뜻하는 어근 스토이케이우(stoicheioo)에서 파생되었다. 스토이케이온(stoicheion, 중성 단수)은 한 줄 안에 있는 하나의 구성 요소를 뜻하는데 후에 여기서 파생되어 알파벳에서 한 글자, 일련의 문자나 어휘 속의 한 요소를 가리키기도 한다. 그것은 '기본 원칙들'이나 '초등교육'(히 5:12), 또는 부분적으로 '원리'나 세상을 이루고 있는 기본 물질들을 비유적으로 언급하는 것일 수 있다. 헬라 철학은 물론 헬라적 유대교에서도 이런 용례는 무척 다분하게 나타난다(「솔로몬의 지혜서」 7:17; 19:18; 「마카비4서」 12:13). 신약성경에서는 베드로후서 3:10-12에 나타난다. 이는 우리가 살펴볼 바와 같이 바울의 사고방식에 매우 잘 들어맞는 것이다.
그러나 최근 몇 십년간 비교종교학의 광범위하고도 집중적인 연구는 다른 방향을 가리켰다. 그것은 바울 당시에(특히 유대 묵시적 집단을 고려할 때) 사용되던 그 단어의 종교적 용례에서 흔히 인격적이고 영적인 존재가 stoicheia로 지칭되었다는 사실이다. 이것은 위에서 언급한 바와 상당히 다른 의미일 수 있다. 이미 앞에서 살펴본 데로 당시 세상은 (유대 사상에서) '천사들'을 통해 또는 (이방 사상에서는) '귀신들'이나 하급 신들에 의해 운영되어지는 것으로 여겨졌다. 특히 이들은 자연의 힘을 지배했는데, 이 가운데 별들은 특별한 중요성을 가졌다. 이런 인격적인 측면과 더불어 우리는 「에녹서」와 「에스드라4서」에 나오는 "세계 원리들"(world elements)을 이해할 수 있다. 여기서 stoicheia는 '기본 신령'(elemental spirits)이나 '세계 신령(world spirits),' '천계의 신령(astral spirits)'으로 번역되어야 한다.
하지만 나는 바울이 stoicheia를 자연의 원리로 보는 더 일반적이고 오래된 이해를 따르지 않고 묵시적 용례를 따랐다는 주장을 받아들이기 힘든 중대한 이유가 있다고 생각한다. 물론 좀더 좁은 의미에서의 논쟁이 있는데, 이는 골로새서 2장에서 보다는 우리가 아직 다루지 않은 갈라디아서 4장에서 찾아볼 수 있다. 여기서 그들은 "후견인과 청지기"(2절) 또는 "신들"(8절, 개역개정판에서는 의역되어 단어자체가 정확히 옮겨져 있지는 않다 - 역주)이라고 불린다. 그들을 섬기는 행동이 "날과 달과 절기와 해를"(10절) 삼가 지키는 것이다. 여기서는 "천계의 신들"(astral deities)이라는 번역이 정확한 듯하다. 그러나 바울이 이 '후견직'을 더 분명히 규정할 때 우리는 즉각적으로 묵시적 분위기를 벗어나게 된다. 더군다나 골로새서와 갈라디아서에서 바울은 자연의 안정적 권세들의 지배에 관해서가 아니라 공론, 전통, 음식규례, 성일들을 비롯한 일반적인 이스라엘의 율법에 대한 종노릇에 관해 언급하고 있다. 누군가는 그런 절기 이면에 있는 해, 달, 별들의 권세들에 대해 의구심을 가질 수도 있겠지만 그럴 필요는 없다. 특히 유대 기독교인들에게 쓰여진 갈라디아서에는 우리가 그들의 율법에 명시된 절기에 대해 생각해야할 충분한 까닭이 들어있다. 이는 음식법과 더불어 축일들(안식일을 비롯한)을 "장래 일의 그림자"(17절)라고 부르는 골로새서에서도 마찬가지다. 바울은 일단은 그것을 넓은 의미로 '세계 권세들' world powers로 번역해보자. 권세들은 그리스도 바깥에서 인간의 삶을 지배한다. 그들은 인간의 전통 속에서 드러나며,[8절] 골로새에 있는 기독교인들을 그리스도로부터 꾀어내려는 여론 가운데 드러난다. 16절과 20절 이하를 볼 때, 권세들은 먹고 마시는 것의 절제에 관한 요건이나 절기를 매우 신중하고 소심히 준수하는 중에 드러난다. 이 모든 것은 "사람의 명령과 가르침"으로 요약될 것이다. '세계 권세들' 아래서 인류는 시달리고 골로새 사람들은 또다시 거기에 예속될 각오를 해야 한다. 세계 권세들은 확고한 종교적, 윤리적 규칙이며 그 속에 이교도와 유대인이 살아가는 공동체들이 있는 견고한 구조들이다. 14절에서 이런 구조들은 통치자들과 권세들이 인간을 지배하는 방식으로 언급된다. 더 정확히 말해 권세들이 구조들이다. 핵심은 바로 그리스도께서 십자가에서 이런 구조들이 가진

이교적인 관습에서 돌이켜 유대 율법을 준수하려는 그의 독자들의 이행 자체가 그들이 여전히 -또는 다시- stoicheia 아래서 살아가고 있다는 것을 보여 준다고 생각한다. 확실치는 않지만 바울은 그들의 이교적 과거를 천계의 권세들에 대한 숭배로 보았을 법하다. 하지만 그가 유대인과 이방인 모두를 stoicheia의 저주 아래에 있다고 할 때에 그 의미는 더는 묵시적 배경으로 설명할 수 없는 훨씬 더 넓고, 더 일반적이고 오래된 의미의 '세계의 기본 원리들'을 가리키는 것이 분명하다. 슐리어가 그의 주석에서 단호히 "천계의 신들"이라는 번역을 선택하고 나서 이 구절을 주해할 때 이 정의에 대해 어떤 합당한 설명도 할 수 없었다는 사실은 중요하다. 그는 계속해서 stoicheia를 다른 방식으로 바꾸어 표현한다. 그는 "세계가 그것의 기초적 원리의 법을 통해 사람을 장악하는 예속상태"에 대해 기술한다(*Wesenheiten*, p. 137). 혹은 "코스모스(Kosmos, 우주)는 그것의 기초적인 세력 안에서, 자연 사건의 장엄함과 운명의 권세 안에서…, 세계의 법을 따라…, 코스모스에 대한 전적인 신성화…, 자율적 세계가 스스로를 높이는 우주적 과정"에 대해 서술한다(p. 143).
A. W. 크라머(Cramer)는 레이던 대학 논문인 『우주의 원리들』(*Stoicheia tou Kosmou*, The Hague, 1961)에서 이런 용어들이 바울 당시에는 천계의 권세들을 지칭하는 것으로 아직 쓰이지 않았다고 주장한다. 그는 권세들과 타락한 천사들을 엄격히 구분한다(내 생각에 이는 당연히 슐리어의 주장과 다르다). 마찬가지로 그는 내가 보기에 빈약한 근거에서 stoicheia와 권세들의 밀접한 관계를 부정한다. 따라서 stoicheia는 "'노인'(old man)의 종교적, 도덕적 습관의 원리들"로 애매하게 설명될 뿐이다(p. 126).

유사 신적 권위의 가면을 벗기고 무력하게 만들었다는 사실이다.

　뒤에 우리는 이 본문의 핵심으로 다시 돌아올 것이다. 일단 여기서는 과연 바울이 권세들의 본성과 그들이 세상과 인간의 일에 대해 가지는 관계에 대해 무어라 생각했는지 묻도록 하자. 따라서 다른 관련 성구인 갈라디아서 4장 1절에서 11절을 살펴보자. 여기서 바울은 다른 통치자들이나 권세들에 대해 언급하지는 않지만 스토이케이아^{stoicheia}를 언급하고 있다.

　　내가 또 말하노니 유업을 이을 자가 모든 것의 주인이나, 어렸을 동안에는 종과 다름이 없어서 그 아버지가 정한 때까지 후견인과 청지기 아래에 있나니, 이와 같이 우리도 어렸을 때에 이 세상의 초등학문[세계 권세들, stoicheia] 아래에 있어서 종 노릇 하였더니, 때가 차매 하나님이 그 아들을 보내사 여자에게서 나게 하시고 율법 아래에 나게 하신 것은 율법 아래에 있는 자들을 속량하시고 우리로 아들의 명분을 얻게 하려 하심이라. 너희가 아들이므로 하나님이 그 아들의 영을 우리 마음 가운데 보내사 아빠 아버지라 부르게 하셨느니라. 그러므로 네가 이 후로는 종이 아니요 아들이니, 아들이면 하나님으로 말미암아 유업을 받을 자니라. 그러나 너희가 그때에는 하나님을 알지 못하여 본질상 하나님이 아닌 자들에게 종 노릇 하였더니, 이제는 너희가 하나님을 알 뿐 아니라 더욱이 하나님이 아신 바 되었거늘 어찌하여 다시 약하고 천박한 초등학문[세계 권세들, stoicheia]으로 돌아가서 다시 그들에게 종 노릇 하려 하느냐? 너희가 날과 달과 절기와 해를 삼가 지키니, 내가 너희를 위하여 수고한 것이 헛될까 두려워하노라.

여기서 다시 세계 권세들은 이교도와 유대인 모두의 외관을 보여 준다. 또 한 번 바울은 이교에서 빠져나온 기독교인들이 유대 기독교인적 사고방식으로 다시 빠져들어 가려 한다면 유대인들이 그러했듯이 그들도 율법 전체에 대한 종이 되고 마는 꼴이라고 말한다. 이것은 그들이 그리스도 때문에 구원을 얻은 뒤 곧바로 세계 권세들의 지배 아래로 되돌아가는 것을 의미한다. 골로새서에서 보는 바와 같이 이런 지배는 특정한 종교적, 윤리적 규정에 인간이 예속될 때 분명히 드러난다. 다시 말해 이는 이방인들에게는 점성술의 맥락에서 나타나지만, 유대인들에게는 모세의 율법에 대한 문자 그대로의 순종에서 드러난다. 두 경우 모두에 있어서 나타나는 결과는 똑같다. 어떤 경우에 속한 사람이든지 그는 하나님의 승인을 받았다고 여겨지는[8절] 율법의 임시적인 발판 위에서 자기 삶의 안정성과 구조를 찾는데, 그런 승인은 더 위대하고 새로운 주이신 예수 그리스도의 주장과 양립할 수 없다.

이제까지 논의한 본문들로 일단은 잠정적인 요약을 할 수 있다. 바울은 일단의 권세들이 삶을 지배한다고 본다. 그는 시간[현재와 미래], 공간[깊음과 높음], 생명과 사망, 정치와 철학, 여론과 유대 율법, 경건 전통과 별들의 운명적인 운행에 대해 언급한다. 그리스도와 떨어져서 인간은 이런 권세들에게 마구 휘둘린다. 그들이 인간의 삶을 에워싸고, 주장하며, 인도한다. 현재의 요구, 미래에 대한 두려움, 국가와 사회, 삶과 죽음, 전통과 도덕, 이 모든 것이 우리의 "후견인과 청지기"이다. 이러한 세력들이 인간의 삶과 세계를 결합시키고 혼돈에 빠지지 않게 만든다. 우리는 『파우스트』에서 괴테가 표현한 욕망을 떠올릴 수 있다.

…세상을 통치하고 그 방향과 기원을 다스리는 궁극의 세력을 인식하

게 될 것이며, 그 작용력은 … – 1부, 382행.

　마지막 구절은 특히 파라켈수스Paracelsus의 연금술 용어에서 빌린 것인데, 그에게 세계 '원리들' 은 바울의 독자들이 가지고 있었던 이해와 비슷한 의미를 지니고 있었다. 그것은 마치 캔버스와 같이 창조세계의 보이지 않는 틀로서 인간의 삶과 사회의 광경을 떠받치고 있다.

　비교종교학적 배경으로 돌아가서 생각해보면 바울에게 있어서 권세들은 유대 묵시적 집단이 생각하던 것과 상당히 다른 것이었음이 분명하다. 묵시론자들에게는 천사 같은 권세들이 지상에 미치는 영향력이 그런 권세들의 본성 중 한 가지 측면에 불과했지만, 바울의 관심 전부는 오직 거기에만 있었다. 묵시문학에서는 이 영향력을 주로 자연적 사건혹은 국가가 될 수도 있다 안에 두지만, 바울은 그것을 특히 인간 만사와 결부시켜 삶 자체만큼이나 깊고 넓게 이해한다. 조금도 과장없이 말해서 바울은 그들의 천사적인 본성을 강조하지 않는다. 로마서 8장을 비롯한 stoicheia에 관한 연구가 우리로 하여금 인격적 존재들에 대해 고민하게 하지는 않는다. 우리는 뒤에서 로마서 8장 38절에 나오는 "천사들"에 대해 논의할 것이다 고린도전서 2장 8절의 용어는 더욱더 인격적이라고는 해도 거기서조차 우리는 그들을 실제적인 존재들로 생각할 것인지 아니면 비유적인 의인화로 생각할지를 알지 못한다. 우리는 나중에 이 질문을 다룰 것이다. 그러나 이 질문을 꺼내는 것 자체가 매우 의미심장하다. 그것은 묵시론자들과 비교했을 때 바울의 사상에서는 어떤 '비신화화' demythologizing가 나타났다는 사실을 보여주기 때문이다. 요약하자면 묵시문학이 통치자들과 권세들을 주로 천상의 천사들로 여기지만, 바울은 그들을 지상적 존재의 구조들로 본다.

이제까지 살펴본바 이 새로운 의미의 부과는 바울 자신의 창작이다. 이는 그리스도의 실재성에 비추어 본 이 세상에 대한 그의 비전에서 생겼다. 그는 해방의 빛을 통해 수많은 형태의 예속상태를 발견한다. 그는 그런 속박의 무게를 표현하려고 초지상적인 권세들을 일컫던 당시의 이름들을 사용한다. 바울 당시의 종교적 용례를 연구함으로써 얻을 수 있는 유익은 우리가 바로 그런 용례를 알게 되었다는 사실이다. 그러나 이것이 가지는 약점은 바로 용어의 유사성과 의미상 피상적인 병행구들로 인해 더 깊은 차이점이 드러나지 못한 것과, 그로써 학자들로 하여금 바울의 독창성을 포착하지 못하게 만든 데 있다.[7]

권세들과 천사들

지금까지 우리는 바울이 이 땅의 일에 영향을 미치는 것으로 여겨지는 권세들을 천사들과 같은 종류의 이름으로 지칭한 사실을 살펴보았다. 이처럼 stoicheia라는 어휘는 천사들을 가리키는 것처럼 보이지만 실제로는 훨씬 비인격적이며 일반적인 어조를 띤다. '권세들' 이라는 말에 따른 인격적인 측면은 강조되지 않지만, 그들이 지상적 일에 미치는 영향력에 대한 강조는 그 당시의 용례에 비교해 보았을 때 훨씬 더 강하다. 게다가 강조점 자체도 다르다

---

7) 이는 특히 위에서 언급한 마틴 디벨리우스의 유명한 저서에 잘 해당되는 말이다. 그는 유사성이 내적 일치를 뜻한다고 무비판적으로 성급히 결론 내린다. 그 결과 오늘날 거의 모든 신학자들은 바울의 '권세자들'을 「에녹서」에 나오는 천사들의 계급에 연결해야 할 것 같은 의무감을 느끼고, 따라서 그런 개념들 전체를 신학적으로 어떻게 다루어야 할지 전혀 알지 못한다. 그렇지만 비교 연구법은 ─그것이 피상적이거나 인과관계의 추정으로서가 아니라 서술적으로 사용된다는 조건하에서─ 성경의 선포에서 무엇이 중심이며 기원인지 과학적인 방식으로 분명히 밝히는데 가장 유용한 수단이다.

하물며 누군가는 바울이 권세자들을 과연 인격적인 존재들로 여겼는 지조차도 의심할 수 있을 것이다. 아무튼, 이 측면은 너무 부차적이라 그가 그렇게 했던지 아니든지 간에 별달리 차이는 없다. 바울은 의인화를 사용했을 것이다. 빈번히 그는 죄와 사망에 관하여도 마치 그것들이 사람인 양 서술하곤 했다. 그가 그것들을 인격적인 사탄의 도구로서 보았기 때문에 그들을 그런 인간적 특성으로 묘사했을 수 있을 법하다. 그러나 우리가 이런 '인격적인' 말투가 매우 심각히 다루어져야 한다고까지 확신한다 할지라도 그것은 여전히 그런 존재들의 인격적 특성이 가장 중요하게 취급되는 이교적 맥락 안에 있을 뿐이지 바울에게서는 찾아볼 수 없다는 사실은 분명하다.

이제 이 문제와 별개로 우리는 이렇게 물어야 한다. 바울은 이런 '권세들'을 천사들로 여겼는가? 이것을 그들의 인격적 특성에 관한 질문과 똑같이 취급할 필요는 없다. 그럼에도 불구하고 그것은 다른 종교적 병행구절들을 근거로 논의조차 없이 통상 그렇게 취급되었다. 하지만, 일례로 바울에게 있어서 '권세들'의 의미와 「에녹서」에서의 의미 사이에 굉장한 차이가 있음을 알아챈 사람에게는 이런 병행구들이 아무런 증거가 되지 못한다. 오히려 더욱더 오래된 신학그리고 실제로 오늘날의 신학에까지에서 권세들이 '천사들'이라는 표제 아래서 설명되는 존재들로 이해되는 것이 주목할 만하다. 이 한 부분에서 전통 신학은 비교종교학의 연구와 놀랍도록 일치한다. "권세들=천사들"이라는 등식은 아마도 그들이 나란히 거론되고 있는 로마서 8장 38절에서 비롯되었을 것이다.

그렇지만, 신학에서 천사들에 대해 주해를 할 때 권세들에 관한 바울의 진술이 거의 인용되지 않는다. 언뜻 보아 이는 이상할 수 있겠지만 불가피한 것이었다. 만일 우리가 '권세들'이 천사들이라고 여긴다면 권세들에 대해 생각해야 하는 다른 이유가 있는가? 그렇다면, 그들은 선한 천사들인가? 많은 이들이 여기에 긍정적으로 대답하였다. 하지만, 그렇다면 권세들에 대한 승리나 그들과의 전투에 대해 언급하는 본문들은 어떻게 해야 하는가? 어떻게 우리는 원수 된 "모든 통치와 모든 권세와 능력을 멸하시고"고전 15:24라는 말씀을 이해할 것인가? 반대로 우리가 타락한 천사들을 염두에 둔다면 어떻게 피조물, 보존, 화목에 대한 그들의 관계를 밝혀주는 긍정적인 진술들을 설명할 수 있을 것인가? 더 넓게는 바울이 권세들을 가지고 한 바와 같이 어떻게 우리가 '천사들'을 "현재 일과 장래 일, 생명과 사망," "맛보지도 말고 만지지도 마는" 것과 연관지을 수 있겠는가? 신중한 신학자로 하여금 바울이 천사들의 속성과 역할을 묘사하며 한 모든 말들을 심각하게 생각하도록 하는 데에는 너무도 많은 어려움이 있다.[8]

---

8) 보통 권세들을 천사들로 보는 논의는 그들의 존재에 대한 증명과 더불어 그들이 그리스도께 종속되어 있다는 사실이 기록된 골로새서 1:16에 한정되어 있었다. 우리는 천사들의 지식이 경험과 새로운 사실을 받아들일 수 있는 능력을 바탕으로 하고 있다는 에베소서 3:10에서 어떻게 결론이 도출되는지 깨닫고 미소 짓는다[Heppe, *Reformed Dogmatics*, London, 1950, p. 205f. 이와 비슷한 진술을 바빙크(Bavinck)와 H. 슈미트(Schmidt)의 고전적 교의학에서도 볼 수 있다].
더 최근의 조직신학서들에도 본질적으로 새로운 것은 아무것도 없다[알트하우스(Althaus), 브루너(Brunner), 엘러트(Elert), 포겔(Vogel)의 저서들을 참고하라]. 내가 알기로 여기서 제기한 문제들을 감지한 유일한 신학자는 칼 바르트인데, 그는 『교회교의학』(Vol. III/3)에서 천사들에 관한 긴 논의 가운데 얼마간의 지면을 할애하여 권세들에 대한 바울의 견해를 다룬다. 바르트는 '권세들'의 정치적 의미에 덧붙여 세계의 두 가지 소용을 구분하는데, 이는 곧 천상의(heavenly) 권세들에게 있어서의 세계와 사탄적(demonic) 권세들에게 있어서의 세계이다. 첫째 부류에는 "질서의 권세들, ……상대적인 평화 수립과 혼돈에 대한 상대적 반감을 위한, 따라서 이런 의미에서 하나님 나라의 증진을 위한 유익한 세력들"이 속한다(p. 458).
바르트는 고린도전서 15:24에 나타난 권세들은 세속적인 것으로 이해할 수밖에 없었다. 그는 사탄적 권세들을 천상의 권세들의 경쟁자이자 모방자로 본다. 바르트가 무언가 본질적인 것을 발견한 사실은 분명하지만 그것만큼이나 그의 구성이 매우 억지스러운 것도 분명하다(고린도전서 15장 24장에서 두 가지 다른 종류

결론은 분명하다. 우리는 바울의 '권세들'이 천사들이라는 생각을 따로 제쳐놓아야 한다. 그들이 인격적으로 이해되거나 삶과 사회의 비인격적 구조로 받아들여지든지 간에 그들은 그 자체만의 부류를 형성한다. 우리가 권세들이 천사들을 가리킨다고 할 만한 유일한 사실은 바로 로마서 8장 38절에서 "권세자들"과 "천사들"이 단숨에 거론된다는 사실 뿐이다. 그렇지만 앙겔로스angelos라는 단어는 더 일반적으로 '사자/전령'messenger을 뜻한다는 것을 기억해야 한다. 그것은 존재들의 부류가 아니라 역할을 가리킨다. 심지어 그 단어가 종교적 의의를 가질 때조차도 그것은 보통 하나님의 이름으로 중재적 역할로서 인간에게 접근하는 존재를 나타낸다. 그래서 로마서 8장 38절에서 바울은 권세들을 "하나님의 사자들"이라 부를 수도 있었는데, 이 표현은 바울이 그들이 하는 역할이라고 보았던 것을 매우 잘 나타내주기 때문이다.참고. 골 1:16 따라서 그가 천사들이라는 말을 보통의 의미로 여겼다는 것은 결코 사실이 아니다. 더욱이 이는 그가 그들에 관해 이어서 언급하는 데에서 반박된다.9)

의 존재들에 같은 명칭을 사용하며, 선한 천사들의 일도 끝이 난다). 바르트가 그 이전의 다른 모든 신학자들과 더불어 권세들을 천사들로 이해한다는 사실은 그로 하여금 권세들을 두 계층으로 나누는 고안을 하게 만들었으며, 더욱이 그는 이전의 신학자들에 반대하였기에 천사의 타락을 상상할 수 없는 것이라 여겼다(같은 책, p. 622f.). 한편 대부분의 신학자들은 이 문제를 다루지조차 않았으며 천사들에 대한 성경의 서술과 권세들에 관한 바울의 진술이 조화될 수 없다고 생각했다.

9) 누가복음 7:24, 9:52와 야고보서 2:25에서 앙겔로스(angelos)는 사람의 모습을 한 평범한 사자를 가리킨다. 따라서 마태복음 11:10에서 언급되는 사자는 세례 요한을 지칭하는 말이다(키텔의 『신약성경 신학사전』과 앞서 언급한 디벨리우스의 책을 참고하라). 디벨리우스는 "우리는 결코 신약의 앙겔로스(angelos)와 구약의 말라킴(malakim)을 항시 연관지을 필요가 없다. 예수 당시의 이방종교에는 angelos에 대한 그만의 사탄적 의미가 있었기 때문이다"라고 결론을 맺는다. 이런 이교적 '천사들'은 어둠의 존재로, 즉 의인화된 자연의 힘이었다.

여기까지 우리는 막 사전 조사를 마쳤다. 이제 해야 할 것은 지금까지 모은 정보를 바탕으로 이 주제에 대한 바울의 모든 진술을 더욱 자세하게 살펴보는 일이다. 이를 위해 문제를 세분화할 필요가 있다. 그는 피조물, 타락, 보존, 화목, 완성, 교회와 결부시켜 권세들에 대해 언급한다. 우리는 이런 각각의 측면들을 차례로 검토할 것이다.

3장. 권세들과 타락한 피조물

사실 바울이 권세들과 피조물의 관계를 언급한 것은 다음 본문이 유일하다 하지만 매우 분명하고 비중있게 말하고 있다.

> 그는 보이지 아니하는 하나님의 형상이시요 모든 피조물보다 먼저 나신 이시니, 만물이 그에게서 창조되되 하늘과 땅에서 보이는 것들과 보이지 않는 것들, 혹은 왕권들이나 주권들이나 통치자들이나 권세들이나 만물이 다 그로 말미암고 그를 위하여 창조되었고, 또한, 그가 만물보다 먼저 계시고 만물이 그 안에 함께 섰느니라. 골 1:15-17

주석가들은 대체로 이런 어휘들이 가지는 부정적인 측면에 역점을 두었다. 그들은 당시 소아시아에 있는 교회들에 큰 영향력이 있었던 특정 사상들, 즉 일단의 영적 존재들이 세계를 지배한다고 보는 사상들에 대한 바울의 비판을 바르게 이해한다. 바울이 사용한 네 가지 명칭들은 천사의 위계를 암시하는 것이 분명한데, 언뜻 보아 이는 「에녹서」에 나오는 그러한 명칭들을 통해 짐작된다. 바울은 이렇게 말한다. 이런 권세들이 아니라, 예수 그리스도께서 세상을 다스린다! 권세들은 무력한 종이자 참 주권자의 수단에 불과하다! 그러나 우리는 단지 긍정적 이해의 이면에 불과한 이 부정적이고 비판적인 취지를 넘어서서 살펴보아야 한다. 바울은 권세들을 이교적 생각이라는 이유로 거부하지 않는다. 만일 그의 취지가 순전히 비판적인 데 있었다고 한다면 그것이야말로 가장 효과적인 방법이었을 것이다. 하지만, 비록 그가 그리스도 때문에 권세들을 비하한다고 할지라도, 동시에 그들이 가진 긍정적 의의를 인정하는데 그것이 바로 우리가 여기서 주목하고자 하는 바이다.

바울은 십자가에 못 박히고 다시 살아난 예수 그리스도를 우주의 근거이자 목적으로 고백한다. 그리스도는 모든 피조물의 비밀이자 해답이다. 이 피조물은 보이는 것과 보이지 않는 것, 또는 지상과 천상의 부분으로 이루어져 있다. 이렇게 말하는 것이 더 나을 수도 있다. 즉 피조물은 보이지 않는 배경 속에 드리워져 있는 전경foreground이다. 여기서 배경을 이루는 것이 권세들이다. 이것들 역시 그리스도에게서 창조되었다. 이는 곧 하나님의 사랑이 그리스도 안에서 우리에게 온 것과 마찬가지로 권세들의 근거와 목적도 하나님의 사랑이라는 말이다. 권세들은 이 사랑에 영합한다. 그들이 먼저 그 사랑에 영합하도록 할 필요가 없었다. 바로 권세들이 창조될 때부터, 바로 권세들이 가진 그 본성 때문에, 권세들은 이 사랑의 수단으로 '맞춤 제작' 된 것이었다.

우리는 "만물이 그 안에 함께 섰느니라"는 말씀을 보았다. 헬라어 동사 신헤스테켄synhesteken은 우리 말의 '시스템' system과 연관된다. 권세들이 아니라 그리스도가 피조물의 시스템이다. 만물은 "머리"이자 "근본"[18절]되신 그에게 복종함으로써 적절하게 하나님께서 의도한 자리에 있게 된다. 그리고 권세들은 세계의 보이지 않는 기층基層이자 피조물의 토대이다. 바울은 결코 권세들 자체를 악하다고 생각하지 않았다. 그들은 하나님의 사랑과 가시적인 인간 경험 사이를 이어주는 연결

고리이다. 그들은 삶을 붙들어주며 하나님의 사랑 안에서 삶을 지켜주고 인간이 하나님과의 친밀한 교제 속에 단단히 붙들려 있도록 돕는 역할을 한다. 그들은 하나님과 사람 사이에 세워진 장벽이 아니라 유대를 맺어주는 중재자들이다. 권세들은 하나님을 섬기기 위한 도움이자 이정표로서 그런 섬김이 수행되어야 할 틀을 형성한다.

다른 곳에서는 "세상의 약한 것들과 없는 것들" 또는 "사람의 명령과 가르침"이라 불렸던 것을 바울이 긍정적으로 언급하는 모습은 우리에게 이상하게 다가온다. 하지만, 그렇게까지 이상하지는 않다. 다양한 인류의 전통, 하늘에 속한 형체에 따라 정해지는 지상의 삶의 방향, 도덕성, 종교적이고 윤리적인 일정한 규칙들, 사법과 국가의 질서 … 이 모든 것이 우리 삶을 지배하는 폭군이 될 수 있지만, 권세들 자체만 보았을 때는 그런 것이 아니다. 이렇게 정해져 있는 것들은 사탄의 고안물이 아니다. 권세들은 하나님께서 선하게 창조하신 피조물과 계속해서 친밀한 관계를 누리고 그들을 혼돈에서 지키려고 그들 주위를 둘러싸는 제방이다. 이는 우리 현존을 꽉 붙잡는 시간"생명과 사망, 현재 일과 장래 일"과 공간"높음과 깊음"에도 해당한다. 권세들은 신학자들이 '질서' Orders라고 지칭할 만한 것과 상당히 일치한다. 질서에 대한 사탄의 어떤 반란도 우리로 하여금 악이 그 무엇도 창조할 수 없다는 사실을 잊게 할 수 없다. 따라서 질서와 같은 것들은 악이 될 수 없으며 오히려 세계에 대한 하나님의 계획 안에서 긍정적 가치를 가짐이 분명하다. 권세들은 우리를 그리스도의 사랑 안에 머무르게 해준다. 바로 이렇게 함으로써 권세들은 자기 고유의 운명을 완수하는 셈이다. 따라서 신자의 전투는 질서와 맞서 싸우는 것이 아니라, 그들의 부패에 맞서 하나님이 권세들에게 가진 원래 의도를 위해 싸우는 것이다.

권세들과 타락

바울은 권세들을 하나님의 창조적 뜻에 관련지어 한 차례 언급한다. 그러나 우리는 그런 하나님이 뜻하신 역할 속에서 권세들을 알지 못한다. 다만, 그들이 죄라는 불가사의와 밀접한 관계가 있다는 사실만을 알고 있는데, 이 죄는 사람을 하나님에서 돌아서게 하였을 뿐만 아니라 우주의 보이지 않는 부분들도 하나님이 정한 목적과 정반대의 방향으로 작용하도록 하였다. 바울이 그 어떤 것도, 하물며 권세들조차도 우리를 그리스도의 사랑에서 끊을 수 없다고 기록할 때, 그는 권세들의 본성이 바로 그것, 즉 사랑에서 우리를 끊는 것이라는 사실을 전제하는 것이다. 이제 권세들은 그리스도 안에서 드러난 하나님의 사랑과 피조계의 가시적인 세계를 이어주는 연결고리가 아니다. 정말로 그들은 신과 같이 되어,갈 4:8 마치 존재의 궁극적인 근거가 된 마냥 행동하며 인간에게 자신들을 마땅히 섬기라고 요구하였다. 이것이 피조계의 불가시적 측면에서 벌어진 사탄적 전환이다. 다시는 권세들이 사람과 하나님을 묶어주지 않으며 오히려 그 사이를 떼어 놓는다. 그들은 창조주와 그의 피조물 사이에 놓인 장애물이다.

그러나 계속해서 권세들은 절반의 역할을 한다. 권세들은 여전히 인간의 삶과 사회를 지탱하고 있으며 그들이 혼돈에 빠지지 않도록 지켜준다. 하지만, 권세들은 세계가 하나님께 다가가지 못하도록 붙들고 있으며 그 곁에 가까이 있도록 두지 않는다. 그들은 "이 세상의 통치자들"고전 2:6이다. 자신들이 통치하고자 하는 욕망 속에서 권세들은 영광의 주를 향한 적의를 가지며 그들이 참 주가 아니라 수단에 불과하다는 사실로 시달린다. 이에 대해 에베소서 2장 2절에서 바울은 이방 신자들이 전에는 "이 세상 풍조를 따르고 공중의 권세 잡은 자the prince of the power of the air를 따랐으니"라고 놀라운 방식으로 간략히 언급한다. 여기서 "공중의 권세 잡은 자"prince는 분명히 사탄이다. 그는 이 세상 풍조를 지배하는데 "공중의 권세"여기서 권세는 단수형이다의 도움으로 그렇게 한다. 즉 그는 공중에 거하며 거기서 지상에 세력을 행사한다. 에베소서 6장 12절에 따르면 권세들은 "하늘에" 거한다. 두 가지 표현 모두 똑같은 의미이다. 분명히 "하늘"heavenly places, 엡 2:6 -역주은 특별한 하나님의 처소인 하늘을 뜻하는 것이 아니라 이 땅을 둘러싼 대기를 가리킨다. 이는 권세들을 하늘에 있는 존재로 여기는 골로새서 1장 16절과 병행된다.

과연 바울은 이 기이한 공간적 언급과 더불어 특별히 "공중"이라는 말로 무엇을 말하고자 했는가? 당시의 우주론에서는 '하늘들'을 몇 가지로 구분했다. 이는 곧 하나님의 거소로서 하늘, 별들이 있는 하늘, 지구와 달 사이에 있는 공중 하늘air-heaven이다. 공중 하늘은 지구에 잇닿아 높은 곳에 있는 불가시적 세력권으로 여기에서 지구의 질서가 잡힌다. "공중"은 신과 인간의 세계를 한데 묶는 영역이다. 그러나 여기 거하는 권세들은 통치자에게 예속되어 있는데, 통치자는 권세들로 하여금 "이 세상 풍조"를 정하게 해주었고 이에 따라 인간은 "불순종의 아들들"로서 "허물과 죄" 가운데 거한다. "공중의 권세"에 예속된 우리는 "세상에서 소망이 없고 하나님도 없는 자"이다.엡 6:12 이는 그리스도가 이런 영역을 뚫고 나와 "땅 아래 낮은 곳으로 내리셨던"엡 4:9이라는 메시지가 일으킨 해방이 어떤 것인지 훨씬 더 명백히 보여주는데, 이 때문에 그 이후로 신자는 권세들이나 주권자들이 우리를 그리스도 안에 있는 하나님의 사랑에서 끊을 수 없다고 확신한다.

우리는 "공중"이란 어휘와 관련하여 고대 우주론에 대해 다루어 보았다. 그러나 여기서는 흔히 이 우주론에서 차용되었다고 여겨지는 다른 많은 성서의 표현들과 더불어 우리가 다뤄야 할 세계관은 더 '자연스러운' 것, 즉 우리 인간 존재의 일부로서 우리에게 주어진 선지식이고 만인에 의해 경험되고 이해되는 것이 아닌지 하는 질문이 떠오른다. 똑바로 선 사람으로 보자면 그의 영적인 능력은 신체의 가장 윗부분에 위치함과 더불어 좋은 것들은 '위에' 악한 것은 '아래'에 있다고 여겨진다. 하나님과 하늘은 함께 있다. 우리 삶을 지배하는 권세들은 신이 아님에도 불구하고 그들의 주권을 위로부터 행사한다. 참으로 우리는 문자 그대로 "공중에는 무언가 있다"라고 말한다.

1933년, 독일에서 히틀러가 정권을 잡았을 때 민족,Volk 인종, 국가의 권세들은 사람들을 새롭게 장악했다. 많은 사람은 이전까지의 혼란 이후 그들의 삶이 다시금 혼돈에 빠지지 않고 질서와 안정이 회복된 것에 대해 감사하였다. 불굴의 노력 없이는 누구도 이러한 권세들이 사람의 내외적 삶을 장악해 가는 것을 억제할 수 없었다. 1937년에 베를린에서 공부하는 동안 나 자신도 거의 글자 그대로 그런 권세들이 어떻게 "공중에" 있을 수 있는지 겪었다. 동시에 사람들은 어떻게 그들이 하나님의 말씀과 사람 사이에 장벽으로 끼어드는지 목격해야 했다. 그들은 마치 자신이 궁극적 가치인 체하며 마치 우주의 신들이 된 양 충성을 요구한다.

이런 예를 언급한 이유는 오직 그것이 바울이 사용한 표현들의 의미를 의미뿐만 아니라 실제 용어에서도 무척 명료하게 해주기 때문이다. 또한, 오늘날 우리가 삶의 모든 영역에서 인간을 통합하게 하지만 정작 하나님에게서는 떼어 놓는 이런 권세들을 인식하는 것도 어렵지 않다. 국가, 정치, 계급, 사회적 갈등, 국익, 여론, 일반적인 도덕성, 예절, 인문주의, 민주주의 … 이런 것들은 수많은 삶에 통합을 가져오고 방향을 제시한다. 그러나 통합을 가져다주고 방향을 제시한다는 그 점 때문에 그들은 이 무수한 삶을 참 하나님에서 떼어 놓는다. 그들은 우리로 하여금 존재의 의미를 발견했다고 믿게 하지만, 실제로는 우리를 참 의미에서 멀어지게 만든다.

권세들과 보존

우리가 이미 살펴본 바와 같이 타락한 세상에서도 권세들은 하나님이 계획한 역할의 한 측면은 유지하고 있다. 여전히 그들은 피조계의 틀로서 그것이 붕괴하지 않도록 보존하고 있다. 그들은 세상이 혼란의 폭우에 잠기지 않도록 해주는 제방이다. 바울이 매우 잘 이해한 바와 같이 이는 지극히 중요한 사실이다. 그는 이런 통찰을 우리가 앞서 stoicheia와 관련된 논의를 다루었던 구절인 갈라디아서 4장 1절에서 11절에 나타내었다. 거기서 바울은 독자들에게 그들이 예수 그리스도 안에서 살아 있는 하나님을 알기 전에는 세계 권세들 아래 살았던 사실을 상기시킨다. 이는 그들의 "어렸을 때"이다.[3절] 사람이 그리스도를 통해 구원을 받게 되면 그는 권세들의 종노릇에서 해방되어 하나님의 자녀가 되고 오직 전적으로 하나님만 의지하며 하나님께 순종한다.[4절] 여기에는 이전에 권세들에 복종한 것에 대한 절대적인 정죄함이 없다. 그런 복종은 불가피했으며 실로 하나님의 선하심의 역사였다. 그리스도 바깥에 거하는 사람은 "어리기" 때문에 그의 길을 찾을 수 없고, 만일 거기에 사람이 본능적으로 자신을 의탁할 권세들이 없었다면 무력하고 방향도 없이 그의 인생은 포기되어 조각났을 것이다. 하나님은 서로를 위해 우주의 가시적 측면과 불가시적 측면을 만들었는데, 곧 인간과 권세들이다. 그리스도 밖에서 사람은 하나님의 보존하는 보살핌 덕에 "후견인과 청지기 아래에" 있었다.

권세들은 우리를 위탁받아 우리 삶을 안정된 울타리 안에 붙들어 두어 우리가 더욱 지대한 영향을 미칠 구속 사역에 압도되어 포함될 때까지 우리를 지켜준다. 따라서 하나님에게서 멀어진 권세들은 세상에서 매우 긍정적인 역할을 담당한다. 그들은 사람들을 살아있게 해준다. 하지만, 우리는 즉시로 그런 '삶'은 그렇게 일컬음을 받을 만한 자격이 없다고 말해야만 한다. 그것은 "충만하지 못해 그럴듯한 껍데기의" 삶이며, 후견인 아래서의 삶이고, 종된 삶이자 원래 뜻한바 그 목적에 미치지 못한 삶이다. 하나님의 아들로서의 삶과 대조했을 때 그것은 차마 '삶'이라 부르기 민망할 정도이다. 그러나 혼돈과 비교할 때, 하나님을 향한 우리의 적대감이 우리를 정죄하는 것과 비교할 때, 권세들 아래서의 삶은 그런대로 괜찮을 뿐만 아니라 좋다고까지 할 수 있다.[10]

이런 이해는 특히 우리가 그리스도 밖에 있는 세상이 존재해 오도록 하고 또 그것을 휩쓴 종교 사회적 구조를 고려할 때 분명해진다. 특정한 권세들은 사회뿐만 아니라 개인을 위해 길을 닦아 놓으며 삶에 결속

---

10) 바울이 권세들 아래서의 삶을 중재하는 것으로서 하나님의 선하심을 긍정적으로 평하는 것은 사도행전 14:16 이후와 17:26-30에 나오는 그의 두 편의 선교 설교에서 빛을 발하고 있다. 갈라디아서 4장 1-10의 맥락에서 바울이 유대인의 율법 또한 인간이 예속된 하나의 세계 권세라고 생각하는 것은 주목할 만하다. 하지만 우리가 이것이 단지 바울의 율법관의 한 측면에 불과하다는 사실을 상기해보면 딱히 놀라워 할 일도 아니다. 여기서 그는 하나님이 뜻한 바대로 우리를 그리스도께로 인도하는 율법을 염두에 둔 것이 아니며 "그리스도의 법"으로서 사랑을 의식하고 있는 것은 더더구나 아니다. 그는 필수적이고 인간의 능력에 한해서 실현 가능한 하나님의 뜻이라 여겨졌던 종교적, 윤리적, 제의적, 사회적인 규칙의 외적 시스템을 염두에 두고 있다. 따라서 그가 말하는 율법은 더는 하나님의 의도에 맞는 표현은 아니었지만 여전히 유대 사회의 틀로 작동했다.

력을 가져다준다. 우리는 원시 부족들 사이의 씨족이나 부족의 위치나 수 세기에 걸쳐 중국인의 삶에 형식과 내용을 부여한 조상과 가족에 대한 예절을 생각해 볼 수 있을 것이다. 그리고 일본의 신도Shintoism, 인도 힌두교의 사회 위계, 고대 바빌론 점성술의 통일성, 그리스인에게 깊은 의미가 있었던 폴리스polis 혹은 도시국가, 로마 국가를 가리킬 수 있을 것이다. 근대 세계 역시 stoicheia가 지배하고 있다는 사실은 더없이 분명하다. 그러나 성서는 이것이 종노릇이라는 사실을 통렬히 알려주는데, 우리는 그것이 여전히 세상을 보존하고자 하는 하나님의 자비의 일부로서 그리스도의 해방을 알지 못하는 사람들의 인생을 정연히 붙들고 있다는 사실을 잊지 말아야 한다. 다양한 도덕적 전통과 규범들로 가득찬 도덕적인 삶이 바로 그런 예들이다. 이것들 역시 그들이 그리스도와 마주치든지 아니든지 그들의 억압적 특성을 드러내 보일 것이 분명하다. 그리스도가 전파된 세계에서는 더는 그들이 긍정적으로 작용할 수 있는 여지가 없으며 그들은 기독교 세계 이전과 바깥에 충만할 뿐이다. 그들의 가면이 벗겨지게 되면 그들이 가진 전체주의적 힘과 삶을 보존하는 능력은 상실될 것이다. 또는 그들은 반기독교적 권세들이 될 것이다. 이는 우리가 나치즘과 공산주의 속에서 역사한 민족,Volk 국가, 계급, 종족의 권세들을 이미 목격한 바와 같다. 우리는 그리스도께서 오신 이후의 세상에서 권세들의 자리에 관해 더 다루어 볼 것이다.

4장. 구속에서의 권세들

예수께서 십자가에 못 박히시고 죽음에서 살아나셨을 때, 그리고 그 이후 이 구속 사건이 선포되는 곳마다 세계 권세들의 지배는 끝이 났다. 이거야말로 바울이 권세들에 대해 말하는 모든 것의 핵심임이 틀림 없다. 이 사건을 통해 하나님을 향한 권세들의 적개심이 환히 드러나고 그들의 사역은 종말을 고하게 되었다. 바울이 이런 확신을 표현하는 가장 중요한 본문은 우리가 흔히 언급했던 골로새서 2장 부분이다.

> 또 범죄와 육체의 무할례로 죽었던 너희를 하나님이 그와 함께 살리시고 우리의 모든 죄를 사하시고 우리를 거스르고 불리하게 하는 법조문으로 쓴 증서를 지우시고 제하여 버리사 십자가에 못 박으시고 통치자들과 권세들을 무력화하여 드러내어 구경거리로 삼으시고 십자가로 그들을 이기셨느니라.13-15절

바울은 그리스도의 십자가를 통한 화목을 논하고 있다. 그는 계속해서 이 주제를 언급하지만, 여기서는 강조하는 바가 다르다. 여기서 말하는 속죄는 단지 죄에서 죄인을 구속하는 것만 아니라 다른 본문에서도 찾아볼 수 있는 바와 같이 특별히 운명의 권세들에게 속박된 상태로부터의 해

방을 뜻한다. 이 속박은 우리 죄를 대체한 것이 아니다. 그것은 바로 죄의 결과이다. 따라서 그는 우리의 모든 죄의 사면에 대해 말할 수 있다. 또한, 이 사면은 권세들에 대한 속박을 끝낸다. 바로 이것이 여기서 바울이 특히 관심을 두는 것이다.

보통 우리는 로마서나 갈라디아서에서 읽은 바대로 바울이 언급하는 "율법의 요구"를 율법의 저주로 이해한다. 그러나 이 용어헬라어 dogmata, 흠정역 "ordinances"는 20절에서 "규례regulations에 순종하느냐"라고 번역된 동사 도그마티제인dogmatizein과 직접적 연관이 있다. 질문에서의 도그마타dogmata는 "붙잡지도 말고 맛보지도 말고 만지지도 말라 하는" 것이다. 22절에서는 "사람의 명령과 가르침"으로 불린다. 의심할 바 없이 바울은 갈라디아서 4장에서와같이 모세의 율법을 하나님의 거룩한 뜻의 발현이 아니라 유대인들을 사회적, 종교적으로 연합시키는 동시에 하나님에서 그들을 소외시키는 권세로 이해한다. 마찬가지로 이 율법은 꼭 이방인들이 가진 율법과 비슷한 그런 것처럼 "헛된 속임수로 … 사람의 전통과 세상의 초등학문을 따름이요 그리스도를 따름이 아니"다.8절 이와 긴밀히 연관된 본문인 에베소서 2장의 "법조문으로 된 계명의 율법"15절은 유대인의 율법과 일치하는데, 이는 유대인과 이방인을 나누는 벽과 같은 것이다. 여기 나타난 생각도 똑같다. 바울의 이런 단어 선택은 어떻게 그가 유대인의 율법과 이교도의 규례를 본질적으로 같은 것으로 볼 수 있었으며, 또한, 그 둘 다 그리스도의 십자가를 통해 정복되었다고 여길 수 있었는지 보여 준다.

십자가이는 언제 어디서나 부활과 함께 이해돼야 한다를 통해 그리스도는 죄의 결과로서 우리 존재를 위협하고 고소하는 예속 상태를 폐지하였다. 십자가에서 그는 "권세들을 무력화하여 드러내어 구경거리로 삼으시고 십자가로 그들을 이기셨"다. 개역성서에서는 '무력화'로 옮겼지만, 여기서 dis-arm은 표준새번역 및 다른 한글본들의 번역을 따라 '무장 해제'로 보는 것이 베르코프의 의도에 더 적합하다 —역주 바울은 십자가에서 권세들에게 무슨 일이 일어났는지 더 정확히 표현하기 위해 세 가지 다른 동사를 사용한다.

그는 그들을 "드러내어 구경거리로" 삼았다. 권세들의 진정한 본성이 밝히 드러난 것은 바로 십자가형을 통해서였다. 권세들은 그전에 세상의 신들로, 가장 근본적이고 궁극적인 실재들로 여겨졌다. 그런 믿음이 거짓에 근거했다는 사실이 정확히 간파된 적도 없었고 또 그렇게 될 수도 없었다. 그런데 이제 그리스도 안에서 지상에 참 하나님이 나타나자, 권세들이 그에게 적대적이고 그의 도구가 아닌 적으로 행동한다는 사실이 분명히 드러났다. 유대 율법의 대표자인 서기관들은 율법의 하나님의 이름으로 온 그를 감사히 영접하기는커녕 율법의 이름으로 십자가에 못 박았다. 하나님의 성전에서 시무하던 제사장들은 성전의 이름으로 그를 십자가에 못 박았다. 경건을 실천하던 바리새인들은 경건의 이름으로 그를 십자가에 못 박았다. 로마의 정의와 법을 대표하는 빌라도는 진리 자체인 예수를 공정히 대할 것을 요청받았을 때, 그런 정의와 법이 과연 무슨 가치가 있는지 여실히 보여 준다. 분명히 신으로 숭상받고자 했던 "이 세대의 통치자들이 한 사람도 알지" 못한 하나님의 지혜를 "만일 알았더라면 영광의 주를 십자가에 못 박지 아니하였"을 것이다. 고전 2:8 이제 참 하나님을 마주친 그들은 가면이 벗겨져 거짓 신임이 드러났다. 그래서 그들은 사람들의 구경거리가 되었다.

이렇게 그리스도는 "그들을 이기셨"다. 사실 가면이 벗겨진 것은 이미 패배한 것이다. 하지만, 이는 하나님이 친히 그리스도 안에서 지상에 나타났다는 사실을 알게 될 때만 볼 수 있다. 그러므로 우리는 십자가와 더불어 부활을 생각해야만 한다. 부활은 십자가에서 이미 성취한 바를 드러내 준다. 그것은 바로 그리스도 안에서 하나님께서 권세들에 도전하였으며, 그들의 영역에 침투하여 자신이 그들보다 강하다는 것을 보여주었다는 사실이다.

이 승리의 구체적인 증거는 십자가에서 그리스도께서 권세들을 "무장 해제시켰다"는 것이다. 여태까지 그들에게 힘을 주던 무기가 그들의 손에서 떨어져 나갔다. 이 무기는 망상의 힘으로, 바로 낮고 의존적인 인류에게 그들이 하나님을 대신하는 세상의 통치자이며, 궁극적 확실성이자 궁극적 방향, 궁극적 행복이자 궁극적 의무라고 믿게 한 능력이었다. 그리스도께서 이 땅에 오신 이후로 우리는 이것이 망상임을 안다. 우리는 더 귀한 운명으로 부름 받는다. 우리는 따라야 할 더 높은 질서가 있으며 더 위대한 보호자 아래 서 있다. 어떤 권세도 우리를 그리스도 안에 있는 하나님의 사랑에서 끊을 수 없다. 가면이 벗겨지고 적나라한 실체가 드러나자 그들은 인간을 강력히 장악할 수 없게 되었다. 십자가는 그들을 무장 해제시켰다. 십자가가 선포되는 곳마다 권세들의 가면은 벗겨지고 그 무장은 해제된다.

그런 일이 어떤 식으로, 어느 정도로 일어나는지를 더 논의해 볼 것이다. 이 사실을 깨닫고 믿는 자에게 그것은 굉장한 해방을 의미한다. 이를 바울은 다음과 같이 분명히 강조한다. "너희가 세상의 초등학문에서 그리스도와 함께 죽었거든 어찌하여 세상에 사는 것과 같이 규례에 순종하느냐?" 곧 붙잡지도 말고 맛보지도 말고 만지지도 말라 하는 것이니

권세들과 완성

그리스도께서 권세들의 가면을 벗기고 무장을 해제시켰다는 사실이 그들의 악한 역사가 단번에 종지부를 찍게 되었음을 뜻하지는 않는다. 원칙적으로야 승리가 확실하다고 하지만, 승리가 실제로 모든 전선에서 쟁취 되고 만인에게 가시화될 때까지 전투는 계속된다. 어떤 의미에서, 그리고 어느 정도로 이 승리가 이미 유효한지는 다음 장에서 살펴볼 것이다. 일단 여기서 우리의 관심은 십자가에서 일어난 일과 부활 때문에 하나님을 인정하지 않는 권세들의 주권이 언젠가 깡그리 무너져 내릴 것이라는 사실에 있다. 이것이 고린도전서 15장에서 바울이 말하고자 하는 주제이다. 장차 그리스도는 "모든 통치와 모든 권세와 능력을 멸하시고 '폐위시키시고'로 옮기는 것이 베르코프의 의도에 맞다 –역주, 24절 자신의 왕권을 아버지 하나님께 바칠 것이다. 그리고 얼마 지나지 않아 "폐위될 원수는 사망"26절이다.개정개역판은 "멸망 받을 원수는 사망이니라"고 옮기고 있다 –역주

언뜻 보아 이렇게 옮기는 것이 원래 의미를 충분히 간파하는 것이라고 여기기는 마뜩찮다. 어떤 번역들은예컨대 RSV "폐위"dethroning가 아니라 "멸망"destroying이라고 옮기는데, 이는 전혀 다른 의미이다.대부분의 한글성서는 "멸망"으로 옮긴다 –역주 "멸망"한다면 권세들은 결국 더는 존재조차 하지 않게 되지만, "폐위"의 경우는 그렇지 않다. 바울이 사용한 헬라어 단어는 둘 다 가능하다. 얼핏 보았을 때 "멸망"이 좀 더 그럴듯해 보일 것이다. 이를 우선 살펴보도록 하자.

과연 천국에서는 삶이 확고한 권세들과 질서에 붙들려 있지 않을 것으로 추정할 수 있을까? 이것이 바울이 뜻한 바라고 생각할 수 있을 것이다. 그러나 아무런 중재 없이 하나님의 임재와 그와의 교제를 생각하

는 것은 공동체와 화합의 모든 외적 형식들을 피상적으로 만들 수 있을 것이다. 그런 해석은 온전히 죽음에나 어울릴 법하다.

게다가 이런 의심을 할 만한 타당한 이유가 있다. 우리가 앞서 살펴보았듯이 권세들은 하나님의 선한 창조의 불가시적 측면을 이루고 있다. 그들 자체로서는 악할 것이 없다. 궁극적인 완성의 때에는 권세들이 멸절돼서 피조계를 뒤에서 지탱하는 모든 것이 사라질 것이라는 생각을 바울이 정말 말하고자 했다면 더욱더 명료한 진술이 있어야 할 것이다. 아마 바울은 그런 의도는 없는 듯하다. 골로새서 1장에서 그는 권세들이 그리스도 안에서 창조되었으며 그들의 머리 되신 그 안에 거한다고 말하고 창조에서 곧장 화목과 새 창조로 넘어가서 이렇게 결론 맺는다.

> 아버지께서는 모든 충만으로 예수 안에 거하게 하시고 그의 십자가의 피로 화평을 이루사 만물 곧 땅에 있는 것들이나 하늘에 있는 것들이 그로 말미암아 자기와 화목하게 되기를 기뻐하심이라.^{19-20절}

"하늘에 있는 것들이"라는 말은 창조된 실재들 가운데 높고 불가시적인 측면으로서 권세들을 언급하는 16절을 가리킨다. 하나님은 그리스도의 죽음을 통해 인간뿐만이 아니라 권세들과 화목한다. 이런 생각이 우리에게 이상하게 다가오는 것은 일반적으로 우리가 화목을 오직 사람과 관련된 행동으로 여기기 때문이다. 그러나 여기서 바울은 적절한 관계의 회복이라는 더 넓은 의미로 그 말을 사용하고 있다. 이런 의미에서 권세들도 하나님의 구속 계획의 대상이다. 이런 목적에서 그들은 더는 사람과 하나님 사이에 장벽으로 놓여 있지 않고 그들의 원래 역할을 회복할 것인데, 이는 곧 하나님과 그의 피조물 간의 교제를 위한 수단이 되는 것이다. 이와 같은 사실을 하나님의 구원 목적을 서술하는 에베소서 1장 10절에서 엿볼 수 있다. "한 머리되신 그리스도 안에서 때가 찬 경륜을 위하여 예정하신 것이니 하늘에 있는 것이나 땅에 있는 것이 다 그리스도 안에서 통일되게 하려 하심이라."한역성서는 9절 후반부에서 10절까지 이다 -역주 그들 스스로 머리가 되고자 했던 권세들은 그들의 진정한 머리 되신 그리스도께 복종할 것이다.

이런 구절들은 권세들이 완성의 때에도 존재할 뿐만 아니라 그때에도 질서 있게 구성된 삶이 있을 것인데, 그때의 이런 구성과 질서는 하나님과 그의 피조물 사이에 온전한 교제를 위한 뒷받침에 불과하리라는 사실을 강력히 보여 준다. 그래서 더 나아가 그리스도가 "이 세상뿐 아니라 오는 세상에 일컫는 모든 이름 위에"와 모든 권세 위에 뛰어나실 것이라고 할 수 있다.21절 여기서 "이름"과 "권세"는 서로 바꿔쓸 수 있다. 따라서 바울은 오는 세상에서도 권세들의 역할이 있음을 누누이 말하고 있다.[11]

이런 이유에서 우리는 고린도전서 15장 24절과 26절에서 "멸망"이 아니라 "폐위"라고 번역해야 함이 마땅하다. 헬라어 동사 카타르게인 katargein의 문자적 의미는 "효력을 멈추게 하다," "단절시키다"이다. 그리스도의 원수 된 권세들은 위임받은 일에서 쫓겨나는데,26절 이는 동시에 우리가 방금 살펴본 다른 본문들에 비추어 볼 때 그리스도의 주권

---

11) K. L. 슈미트는 그의 논문에서(각주 3에서 언급한) '이름'이란 개념에서 권세들의 본질을 밝히려고 시도하였다. 그는 이름이 가진 결합적이고 주술적 힘을 상기시킨다. "(이름은) 그 작용과 반작용에 있어서 사탄적 실체이다. 따라서 악한 선동의 속이는 권세는 영적 권세들의 전체 영역의 일부이다"(p. 140). 만일 이 말이 타당하다면 바울에게 있어서 다른 권세들과 마찬가지로 "이름"이 영화롭게 된 피조계에서 맡은 바 책무를 다한다는 사실을 몹시 중요하다.

안에서 그들의 원래 역할의 회복을 뜻한다. 오는 세상에서는 권세들이 우리 삶 속에서 어떤 역할을 할지, 어떻게 이런 일이 있을지 바울은 설명하지 않는다. 짐작건대 그는 우리 인간의 자질로는 이를 완전히 이해하거나 상상할 수 없다고 여긴 듯하다.

지금까지 우리가 바울을 타당하게 이해했다면 26절 "폐위될 최후의 원수는 사망이니라"라는 말씀과 관련하여 난항을 겪게 된다. 이는 회복된 창조세계에 심지어 사망도 존재한다는 말인가? 로마서 8장 38절에서 우리는 바울이 사망을 권세들 가운데 하나로, 아니면 하다못해 그들과 긴밀한 연관이 있는 것으로 여기고 있음을 살펴보았다. 따라서 우리는 더 자세히 들여다보아야 한다. 사망과 죄의 연관성을 매우 빈번히 강조하는 바울에게 있어서 죽음도 권세에 관한 자연스러운 어떤 것일 수 있는가? 이 자연스러운 측면이란 무엇인가? 그것은 하나님의 선하심이 우리의 지상적 존재, 곧 바르트가 말한 한정된 시간의 선물을 끝낸다는 사실인가?[12]

이 질문에 긍정적으로 답한다고 할지라도 근거가 부족한 대답이지만 우리는 훨씬 더 어려운 난관에 봉착할 것이다. 삶의 유한성과 같은 것은 오는 세상에서 대체 어떤 역할을 할 수 있을 것인가? 여기에 답할 수 있는 근거는 훨씬 더 부족하다. 우리가 인용한 맥락에서 바울이 관심을 둔 것은 오로지 죽음, 곧 원수이자 저주, 심판이자 죄의 대가인 그것이 가진 힘을 모조리 박탈당했다는 사실이다. 바울은 구속된 삶에도 역시 그 권세들과 형식, 틀이 있다는 점을 알았음에도 불구하고 그의 관심은 온통 그리스도또한, 아버지께서 고전 15:28께서 분명하고도 철저히 머리와 주가 되실 것이라는 사실과 우리를 포로 삼으려고 꾀는 세계 권세들의 달

---

12) *Church Dogmatics*, Vol. II/2, pp. 662 ff

콤한 유혹이 선을 위해 박살 날 것이라는 사실을 말하는 데 있다.

권세들의 한계

권세들은 이미 정체가 탄로 나 무장이 해제되었고 폐위되기 직전에
이르렀다. '이미'와 '아직'이라는 긴장의 양극은 신약성서 전체를 꽉
채우고 있다. 우리가 네덜란드의 『굶주린 겨울』*hunger winter*을 떠올려보
면 나치가 퇴각했음에도 불구하고 여전히 탄압하고 있었다는 사실이
모순적이지 않은 것처럼 우리의 신앙에서도 그런 긴장은 모순이 아니
다. 그 둘을 모두 공정히 다루기 위한 어휘를 찾으려고 어느 정도까지
는 이런 표현이 옳고 어느 정도까지는 다른 표현이 옳다고 말하기는 곤
란하다. 게다가 믿음과 삶에서 많은 것이 이 긴장에 대한 올바른 통찰
에 달렸다. 이러한 과도기를 살아가면서 권세들에 대한 우리의 태도에
대해 충실히 언급하고자 한다면 우리는 이 질문 곧 신약 신학의 기본
문제 중 하나인, 아니 바로 유일한 기본 문제인 그것을 남겨둘 수 없다.
이번 단락의 소제목은 권세들을 '한정하는' 것을 시사하고 있다. 이 용
어는 '이미'와 '아직'을 결합하려는 시도이다. 권세들은 여전히 존재하
고 있다. 그러나 그리스도가 전해지고 받아들여지는 곳마다 그들의 역
사는 제한된다. 이 제한은 그들의 패배에 대한 표지이자 약속이다.

우선 이 한계는 그리스도의 교회가 계속된다는 것에서 나타난다. 교
회의 존재 자체가 우리가 고대 문명에서 깨닫고 경탄해 마지않던 권세
들 아래서의 안정된 삶을 박살 낸다. 교회는 세상의 이러저러한 이즘ism
들을 쫓지 않고 권세들의 기만을 간파한 사람들로 이뤄진다. 문화나 사
회 공동체 속에 있는 교회는 그 존재 자체가 권세들의 정당성에 대한

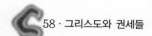

탐문이자 심문이다. 신앙과 삶으로써 그리스도의 교회는 권세들의 주권에 자명하지 않음이란 딱지를 붙인다. 교회는 무의식적으로 받아들였던 이전의 문화로 돌아가려는 모든 시도를 차단하는 지하철의 회전식 개찰구와 같다.

그러나 이와는 별개로 이미 그전에 권세들은 더는 그들에게 예속되지 않고 미혹되지 않으며 겁먹지 않을 인간의 존재 자체만으로 제한되는데, 인간을 하나님에서 끊으려는 권세들의 계획은 그런 인간 앞에 난파를 당한다. 심지어 교회 바깥에도 어떤 권세들이 힘을 발휘하지 못하는 사람들이 일부 있지만, 그것이 완전한 난파는 아니다. 그런 사람들에게는 다른 사람들을 지배하는 권세들과 다른 권세가 더욱 강력하게 작용하고 있다. 곧 권세와 권세가 다툰다. 만물 위에 교회의 머리가 되신 예수 그리스도께 모든 권세가 복종하는 하는 일엡 1:22이 목격되는 곳에서는 완전히 다른 일이 벌어진다. 그때 권세들이 억압과 박해를 일삼게 되는 것은 불가피하다. 하지만, 그런 필사적인 몸부림또한, 우리 시대를 그리스도 이전 시대와 구별 짓는에도 그들의 가면은 계속해서 벗겨져 정체는 적나라하게 드러난다. 권세들은 자기들의 참 본질을 드러내어 그들이 해오던 신과 구세주의 역할을 포기하지 않는 한 더는 존재할 수 없다. 그리스도는 권세들에게 혼동을 일으키는 데, 그 크기와 의미는 다음 장에서 다루어 볼 것이다.

권세들이 제한된 데는 또 다른 방면에서 훨씬 더 중요한 의미가 있다. 그리스도가 온 이후로 권세들은 더는 그들의 목표를 이룰 수 없게 되었다. 그들 자신도 모르게 그들은 만물의 머리 되신 그리스도께 복종하게 되었다. 그들이 할 수 있는 것이라곤 사람의 의식에서 그리스도에 관한 기억과 그의 주권의 흔적을 사라지게 하여 "거짓 메시아적 반혁

명"pseudo-Messianic counterrevolution으로써 도전받지 않는 그들의 주권을 갱신하는 것이다. 그러나 이는 성공하지 못한다. 반대로 그들의 시도가 하나님의 계획 안에 합당한 자리를 차지하는 경우에만 남아 있다. 신약성서는 이런 확신으로 가득 차 있다. 요한계시록 전체는 그것을 증언하고 있다. 우리에게 이 주제에 관한 바울의 분명한 진술이 없다고 하더라도, 그과 마찬가지로 우리도 모든 일과 진노가 하나님의 큰 권능으로 운영되고 변혁된다는 사실을 의심할 필요가 없다. 이 믿음에 관한 가장 아름다운 증언은 초대교회의 기도로 특히 다음 말씀에 잘 나타난다.

> 과연 헤롯과 본디오 빌라도는 이방인과 이스라엘 백성과 합세하여 하나님께서 기름부으신 거룩한 종 예수를 거슬러 하나님의 권능과 뜻대로 이루려고 예정하신 그것을 행하려고 이성에 모였나이다. 행 4:27-28

모든 반기독교적 권세들이 이룰 수 있는 것은 하나님의 구원 계획에 들어맞는 것을 제외하고는 아무것도 없다. 하물며 그들의 대항조차도 하나님께 협력하는 일이다. 창조될 때 그들이 부여받은 하나님의 수단으로서의 역할은 새 창조 때에 온전히 회복될 것인데, 이는 그리스도가 이룬 승리 이후로 이미 벗어날 도리가 없다.

이 한계의 측면과 관련하여 또 다른 문제가 긴밀히 연관되어 있다. 그것은 바로 하나님이 재차 그들을 딱 멈추게 함으로써 권세들의 주권을 끝냈다는 사실이다. 이는 그들에게 족쇄를 채운 것일 수도 있고 그들을 풀어준 것일 수도 있다. 그러나 어떤 경우든지 그들은 정복하신 그리스도의 승리 마차 뒤를 종으로서 뒤따르게 된다. 우리는 예수께서 악한 영들을 다루는 장면에서 이 표현을 목격한다. 예수는 그들을 내쫓고 그들과 조직적으로 싸우려고 하지 않았다. 하지만, 그들이 예수의 행로를 지나며 그의 사역을 훼방할 때마다 예수는 가차없이 그들을 중단시켰다. 악한 영들은 "때가 이르기 전에 우리를 괴롭게 하려고 여기 오셨나이까?"라고 물었다.[마 8:29] 그러나 때가 찼다. 종말에 있을 큰 "멈추라!"라는 호령의 그림자가 오늘날 이미 그의 대적들 위에 재차 드리워졌다. 하지만, 그 외침이 크게 들리지 않는 곳에서도 그리스도의 전진에 반대하려고 권세들이 외치는 작은 "멈추라!"라는 소리는 그들도 모르는 새에 하나님 나라의 계획에 합치되어 힘없이 사그라진다.

5장. 교회와 권세들

　하나님이 제한시켰음에도 불구하고 여전히 유혹적이고 위협적인 권세들에 대한 확고한 입장을 취하는 것은 교회에 주어진 특권이자 의무이다. 이 입장은 신자들이 모든 권세의 주와 교제함으로써 권세들의 반기독교적 측면을 간파할 수 있게 된 사실에 입각한다. 바울은 교회에 부어진 다양한 성령의 은사들을 열거하는 와중에 "영들 분별함"을 언급한다.고전 12:8-10 하나님께 속한 영들의 감동과 악에 속한 영들의 감동 사이의 구분은 교회 안에서 분명해졌다. 여기에는 특히 특정한 때와 장소에서 사람의 마음과 행실을 좌지우지하는 권세들에 대한 분별이 있다.

　바울은 이것이 모두가 가지고 있지는 않은, 설령 그렇다고 해도 가진 정도가 다른 성령의 특별한 은사임을 분명히 언급한다. 성령은 그의 뜻에 따라 특별한 방식으로 각 사람에게 은사를 나누어 준다11절. 키에르케고어Kierkegaard는 그 은사를 마르텐슨Martensen보다 훨씬 더 많이 받았다. 마틴 니묄러Martin Niemöller는 나치 정권의 개신교 감독 뮐러Müller더욱더 많이 받았다.덴마크 국교회의 주교 마르텐슨이 그의 전임자 뮌스터〈Jacob Mynster〉를 사도 시대 이후 기독교의 진정한 증인이라고 확증하자 키에르케고어는 그가 세상의 지혜와 쾌락을 추구하며 현실의 삶에서 진리를 따르지 않았다고 반박하는 글을 신문에 실었다. 증인은 진리를 위해 고난 당하는 사람이라 생각했던 키에르케고어는 이후 덴마크 국교회와 계속된 논쟁을 벌였다. 마틴 니뮐러 목사는 나치에 반대하여 고백교회를 조직하였으며, 뮐러는 국가 교회의 감독으로 아리안 족의 우월성을 수용하였다.뮐러는 나치의 패망과 함께 자살로 생을 마감했다 -역주 그러나 여기서 "더 많이"라는 말은 참으로 적절치 못하다. 내가 이들의 이름을 거론한 이유는 바로 그 점, 외부에서 볼 때 이 영의 분별이라는 것이 문제의 소지가 다분하다는 사실을 보여주고자 하기 위함이다. 예언도 있지만, 거짓 예언도 있다. 곧 이를 분별하는 성령의 법칙은 주님과 참된 교제 속에 살아가는 교회가 목자와 삯꾼을 구별할 수 있다는 사실에 있다. 이 법칙은 교회와 세상에서 참된 예언의 열매가 무르익어 가는 동안 거짓 예언은 시들어 가는 데서 분명해진다.

권세들의 정체가 탄로 날 때 사람의 영혼에 대한 그들의 지배권은 박탈되고 "어떤 피조물이라도 우리를 그리스도 예수 안에 있는 하나님의 사랑에서 끊을 수 없으리라"라는 기쁨의 환호가 퍼진다. 그러나 이 기쁨은 또한, 불안정하다. 신자는 "여전히 한 인간이다." 죄인인 그는 자신의 몸으로 권세들의 위협과 유혹을 느끼며 심지어는 불식 간에 모든 사람이 가는 길을 따르며 자신을 스스로 불신자로 느낀다. 하지만, 내 주하시는 성령의 권능으로 말미암아 개인 신자들의 삶 속에서 권세들의 힘은 제한된다. 어떻게 해서든 신자는 권세들의 달콤한 유혹에서 빠져나온다. 어떻게 해서든 신자의 기독교적 자유는 권세들의 예속 상태를 박차고 튀어나온다. 위기 때에 이 해방은 외부에서 볼 수 있을 만큼 강렬히 나타나는데, 예컨대 기독교 교회가 악마적인 민족 사회의 중심에서, 혹은 간첩 행위와 공포로 찌든 공산주의 사회에서 살아가야 할 때 그렇다.

이런 분별로부터 창조된 실체를 기본적으로 다른 방식으로 다루는 방식이 나타난다. 성령은 믿음의 눈앞에서 권세들을 "위축시킨다." 권세들은 자신을 스스로 전능한 종합 가치 체계로 부풀리겠지만 신자는 진정한 그들의 크기, 곧 그들이 창조주 때문에 존재하는 피조계의 일부에 불과하며 다른 피조물들에 의해 제한된다는 사실을 안다. 나치가 '민족성' nationhood이라 언급할 때에 고백교회는 '민족' 혹은 가급적 '민족들' the nations이라 말했다. 우리 기독교계에서는 '국가' the state보다는 '당국' the authorities이란 표현을 선호할 것이다. 이는 그 두 용어가 논리적으로 전혀 다르다는 이유 때문이 아니라 '국가'를 자율적인 권세로 여기지만 '당국'에 관해서는 높은 자리에 있는 일반인을 떠올리는 건실한 직관 때문이다. 그리스도의 영이 다스리는 곳에서는 맘몬이 작게 움츠러들어 '재정'이 되며, 관습적인 도덕에서 일단의 경험 법칙에 이르기까지 그 범위와 권위가 제한되며 비판을 거친다. 단지 "공중에" 있는 관념인 시대의 인습, 슬로건, 이즘ism들의 교체는 바뀌기 이전의 슬로건의 가치 그 이상도 그 이하도 아니다. 승리한 그리스도의 왕권이 인정되는 곳에서는 군사력의 효용성에 대한 불신이 한결같이 팽배하고, 국가적 혹은 국제적 군비는 책임 있는 시민정신의 씁쓸한 의무로서 마지못해 용인된다. 우리는 미래 역시도 하나님의 손에 달렸다는 사실을 알기 때문에 우리 마음에는 어떤 일이 닥칠지 모를 무서운 미래에 대한 불안감 대신 일상적인 신중함이 자리한다.

계속해서 우리는 이러저러한 측면들을 설명할 수 있다. 믿음 안에서 작고 겸손함으로 삶은 이해되고 용납된다. "하나님께서 지으신 모든 것이 선하매 감사함으로 받으면 버릴 것이 없나니."딤전 4:4 신자는 세상에서 도피하지 않지만, 세상을 신성시하는 것은 피한다. 신자에게 세상은

'탈신격화' de-deified된 것이다. 이런 의미에서 기독교인이 세상에서 피하기 위한 실제 장소가 있다. '약한' 자들은 세상의 특정 역영에서 도피해야 하는데, 이는 그곳을 지배하는 권세들이 그들을 주님과의 친교에서 멀어지게 만들기 때문이다.

이와 달리 강한 자들은 이를 '세상에서의 도피'라고 부를 수 있는데, 이는 그들이 권세들의 왕국 한가운데를 걸으면서도 마치 맹렬히 타는 풀무불 속의 청년들처럼 자신들의 행동과 존재 자체만으로 의연하게 견뎌내기 때문이다. 여기서 저자는 사드락, 메삭, 아벳느고를 염두에 두고 있다 ―역주 그렇게 해서 우리는 끊임없이 다음과 같은 사실을 상기해야 한다. 우리는 민족과 국가, 기술, 미래, 돈에 속한 것이 아니라, 이 모든 것은 하나님 앞에서, 그리고 우리 이웃과의 관계 속에서 가치 있는 삶을 살기 위한 수단으로 하나님이 우리에게 주신 것이다.[13)]

우리가 권세들에 대한 기독교인의 견해에 관해 다룬 모든 것에서 뒤로 물러서는 듯한 모습이 두드러진다. 이는 소극적으로 비칠 수 있다. 그뿐 아니라 교회는 한층 더 적극적이고 공격적인 책임도 가지지 않는가? 에베소서 3장 10절은 바로 이 부분을 가리키는데, 여기서 바울은 다음과 같이 자신의 사역 목적을 기술한다. "이는 이제 교회로 말미암아 하늘에 있는 통치자들과 권세들에게 하나님의 각종 지혜를 알게 하려 하심이니." 대체 그는 무슨 말을 하고자 하는가? 여기서 "하늘"이 2장 2절에 나오는 "공중"과 같다는 점은 의심할 나위가 없다. 그렇다면,

---

13) 바울은 이 역점을 고린도전서 3장에서 강력히 피력한다. 많은 사람들에게 베드로, 아볼로, 바울의 이름이 그들의 신앙과 삶이 추구하는 이념이나 권세들이 되었다. 그들은 "나는 바울에게라" 하거나 "나는 아볼로에게라"고 하였다(4절). 바울은 소유격을 바꾸어 버린다. "바울이나 아볼로나 게바나 세계나 생명이나 사망이나 지금 것이나 장래 것이나 다 너희의 것이요 너희는 그리스도의 것이요"(22–23절).

과연 교회는 어떤 지혜를 권세들에게 선포해야 하며, 또 이를 어떤 식으로 한다는 말인가?

바울의 진술은 그리스도가 온 이후로 새로운 세력이 구속사의 무대에 등장했다는 사실과 관련되어 있다. 바로 교회이다. 하나님의 백성으로서 이스라엘과 교회는 전혀 다른 면이 있다. 교회는 세상에 있는 두 종류의 사람, 즉 유대인과 이방인의 상상할 수 없는 통합이다. 이 둘 모두를 그리스도가 한 몸으로 이끌었다는 사실은 신비인데, 이는 오랫동안 감추어져 있다가[9절] 바울의 사역 때문에 드러나게 되었다. 이 사역을 통해 "측량할 수 없는 그리스도의 풍성함"[8절]과 "하나님의 각종 지혜"[10절]가 환히 드러나게 되었다.

이것이 교회가 권세들에게 선포하는 것이다. 지금껏 세상의 스토이케이아를 따라 살던 유대인과 이방인이 그리스도의 친교 안에서 함께 교회를 이루어 살아가는 데, 바로 이 교회의 존재 자체가 무너지지 않을 것만 같았던 권세들의 지배가 종국에 이르렀음을 고하는 조짐이자 표시이다. 따라서 이 본문도 권세들에 대한 적극적이거나 공격적인 방책에 대해 언급조차 하지 않는다. 그런 방책은 더는 필요하지 않다. 권세들이 지배하던 세상에 교회가 존재하는 실상 자체가 가장 적극적이고 공격적인 사실이기 때문이다. 이미 우리는 이 사실이 권세들에게 무엇을 의미하는지 다루었는데, 교회는 그들에게 있어서 종말 즉 무너지기 시작한 그들이 곧 함락당할 것이라는 사실에 대한 표지이다.

이와 같은 사실은 기독교인에게도 의미를 지닌다. 교회 자체가 권세들에 대한 저항과 공격이 아니라면, 교회가 자신의 삶과 교제를 통해 사람이 어떻게 권세들로부터 자유롭게 살 수 있는지 보여 주지 못한다면, 이 시대의 신들에 대항하는 모든 저항과 공격은 헛수고에 불과할

것이다. 우리의 삶이 맘몬의 손아귀에서 즐거이 벗어났다는 사실을 보여줄 때에만 우리는 그를 향해 하나님의 각종 지혜를 전할 수 있다. 우리는 민족주의를 거부하기 위해 우리 가슴 속에서 민족들 간의 어떤 차별도 더는 인정하지 않는 데서 출발해야 한다. 정의와 자비가 우리 공동체의 삶 속에 널리 퍼져 사회적 차별이 우리를 분열시키지 못하게 될 때에만, 우리는 사회의 불의와 공동체의 붕괴에 저항할 수 있을 것이다. 국가나 민족을 겨냥한 통찰력 있는 경고성의 발언과 행동은 교회로부터 나올 때에만 의미가 있는데, 이 교회의 내적인 삶 자체가 "공중의 권세 잡은 자들"을 향한 하나님의 각종 지혜의 선포이기 때문이다.

이는 바울이 신실한 자들과 권세 간의 더욱더 직접적인 충돌에 대해 무지했다는 말이 아니다. 에베소서 6장 8절에서 18절은 그 반대임을 보여 준다. 근본적으로 신자는 눈앞에 보이는 사람과 사물"혈과 육," 12절과 싸우는 것이 아니라 그들이 복종하는 권세들과 싸운다. 권세들과의 이 전쟁은 신중히 치러져야 한다. 이를 위한 무장은 필수이다. 본문에 언급된 무기들진리, 의, 평안의 복음이 준비한 것, 믿음, 구원, 하나님의 말씀은 바울이 권세들에 대한 공격을 염두에 둔 것이 아님을 보여 준다. 신자는 마땅히 그들의 공격에 맞서 철저히 방어해야 하지만, 이는 단지 믿음으로 서 있음으로만 가능하다. 신자는 단지 믿음으로 할 수 있는 것 이상을 요구받지 않는다. 신자의 의무는 권세들을 무릎 꿇게 하는 것이 아니다. 이것은 예수 그리스도 고유의 과업이다. 그가 지금까지 이 일을 맡아 온 바와 같이 앞으로도 계속 그럴 것이다.

방어에 대한 책무가 우리에게 있는 것은 바로 그가 공격을 담당하기 때문이다. 우리의 책무는 "마귀의 간계를 능히 대적하기 위하여"11절, 참고. 13절 권세들 및 그들의 유혹과 속박에서 거리를 유지하는 것이다. 무기들에 대한 비유적인 언급은 이 방어적 역할을 가리킨다. 허리띠, 호심경, 신, 방패, 투구, 검machaira, 단검은 모두 방어용 무기들이다. 마상창, 창, 활과 화살은 언급되지 않는다. 그것들이 필요 없기 때문이다. 이 무기들은 그리스도께서 직접 쥐신다. 우리의 무기는 그와 가까이 있음으로써 권세들의 마수가 뻗치지 않는 곳에 남아 있는 것이다.

6장. 혼돈과 권세들의 기독교화 [14)]

물론 이 모든 것은 침범할 수 없는 적의의 바다 한가운데 있는 외딴 섬과 같이 그리스도의 교회가 떠 있다는 말이 아니다. 교회는 단지 그 존재 자체만으로 그리스도가 권세들의 지배에 혼돈을 일으키는 수단이 된다. 권세들이 제아무리 교회의 경계로부터 멀리 떨어져 있다고 해도 말이다. 높임 받으신 주님은 단지 교회를 세움으로써 자신의 주되심을 보이지 않으신다. 주는 교회의 경계 바깥에서도 그의 승리를 드러내려고 매우 적극적이다. 바울에게 있어서 이 승리는 장래 일일 뿐만 아니라 이 세대에서도 이미 실제적이다. 그러므로 우리는 "한계"[4]장에서 보았듯이에 대해서만 말할 것이 아니라 한 단계 더 나아갈 수 있다. 그리스도의 성육신과 십자가에서의 자기희생은 하늘의 권세들을 원래 그들이 있어야 할 마땅한 자리로 복귀시키는 회복을 진작 수반하고 있다. 골로새서 1장 20절에서 보는 바와 같이 그것은 이제 이미 하나님의 목적이

---

14) 이 소제목에 사용된 두 가지 용어 모두 미국인이 통상 사용하는 의미와 구별된다. '혼돈'(crisis)은 1925-45년 유럽의 프로테스탄트 신학에서 주된 주제였다. 다른 용어 "기독교화"(Christianization)는 화란어 "세례"(christening)와 동일하지만 그 어느 것도 베르코프가 뜻한 바는 아니다. 우리는 본문에서 이 용어가 나올 때마다 큰따옴표를 써서 그 정의의 어려움을 표하고자 한다. 베르코프는 개정판 서문에서 더는 이 용어를 사용하지 않을 것이라 말했다. 이번 장의 내용 자체가 두 용어 모두에 가장 적합한 정의를 보여줄 것이다.

다.

> … 만물 곧 땅에 있는 것들이나 하늘에 있는 것들이 그로 말미암아 자
> 기와 화목하게 되기를 기뻐하심이라.

이러한 말씀 뒤에 있는 말로 표현할 수 없는 실체는 그리스도의 이
사역이 전前기독교적 또는 기독교 외부의 문화에 난입해 들어갈 때 무
슨 일이 벌어지는지 주목할 때 가장 잘 드러난다. 이제까지 특정 권세
들이 지배하던 사회적 삶이 완전히 붕괴하는 일이 벌어진다. 새로운 주
가 등장함에 따라 삶은 한바탕 소동이 일어나며 탈신성화 곧 '탈신격
화' de-deified된다. 이런 주가 등장한다는 것은 모두에게 나쁜 일이 아니
라 좋은 일이다.

우리는 권세들의 속박에서 그리스도 때문에 벗어난 사람들의 이야기
와 증언을 알고 있다. 이제 그들은 자신들을 부리던 권세들에서 벗어나
자유를 얻고 인간성을 회복한다. 그리스도 안에서 하나님과의 이 평화
는 삶의 새로운 고유한 패턴을 형성하는데, 거기서 권세들은 그들이 원
래 의도되었던바 겸손하고 온전히 수단적인 역할을 수행한다.

우리는 권세들을 다스리는 주로서 그리스도를 선포하는 것이 시간이
지나면서 정반대 방향, 즉 치명적인 결과를 가져올 수 있다는 사실을
반드시 알고 있어야 한다. 기독교 사역의 대적들은 그런 것을 기민하게
찾아낸다. 새로운 주가 사람들과 권세자들에 대한 자신의 권리를 주장
하지 않거나 다시는 주장할 수 없게 된다면 어떻게 되는가? 아마 우리
는 "후견인과 청지기"인 권세들 아래의 이전 삶으로 돌아가서 복음이
전해지기 이전의 상태로 돌아가게 될 것으로 생각할지도 모르겠다.

그러나 우리는 이런 일이 일어나지 않을 것이라는 사실을 안다. 그런 일을 일어날 수 없다. 그리스도의 다스림이 무대에 등장하면 '복귀'는 없다. 그의 지배를 보여주는 적극적인 표지가 사라진다고 하더라도 소극적인 표지가 사람의 영혼에 깊이 각인되어 남아 있다. 자기도 모르게 사람은 그리스도의 왕권을 고백한다. 세상의 탈신성화는 무효로 돌이킬 수 없다. 일단 폐위된 권세들은 아무 일도 일어나지 않은 것처럼 돌아갈 수 없다.

> 잔에 입을 대어본 자는
> 영혼의 순결함을 잃었고
> 그의 육체는 천상에서 창상을 입었다
> 물이 포도주로 변했다 한들
> 그 앙금은
> 이 땅의 샘에서는
> 결코, 해소될 수 없는 갈증이 되어
> 그의 영혼에 퍼질 것이다
> 천상의 양식을 맛본 자는
> 영원과 접목된 폭력으로
> 악취가 나는 이중적인 죽음을
> 그의 생명과 맞바꾼다[15]

우리는 유럽뿐만 아니라 아시아, 실제로 더 나아가 전세계의 당면한 문화적 혼돈에서 무엇이 우리 견해의 핵심인가를 다루기에 이르렀다.

---

15) Marsman, *Tempel en Kruis*, XL

그리스도가 주로 선포되는 어느 곳이든지 권세들의 확고한 통치는 파국을 맞았다. 그리스도가 사람들의 삶을 아직 붙들지 않았거나아시아 이제는 붙들지 않는유럽 곳에서 여전히 권세들은 혼돈을 겪고 있다. 이 선포는 유럽을 떠나갔지만, 권세들의 폐위를 보여주는 소극적 측면은 훨씬 더 많이 남아 있다. 소극적 측면만이 선포 없이 남은 곳에서는 무척 심각한 문화적 혼돈이 존재한다. 삶은 다른 대안을 찾지 못하고 옛 통일성을 상실한다.

이 혼돈에 어떤 방안이 있는가? 한가지 가능성은 세속화이다. 권세들은 특정한 자리를 차지하고 있지만 어떤 한 가지가 전체를 포괄하는 통합적인 역할을 하지 못한다. 삶은 중심 없이 계속 된다. 따라서 이는 오늘날의 "문화적 세계"의 특징을 이룬다. 인간에 대한 인문주의적 이상의 권세들 및 고결한 인간 존재, 공중도덕, 맘몬, 에로스, 기술의 권세들은 서로 전제하고 제한하며 웬만큼 확실한 균형을 유지한다. 물론 이 균형은 지극히 불안정하다. 저울은 어느 쪽으로든 기울 수 있다.

한편으로 세속화된 삶은 니힐리즘nihilism에 빠질 수 있다. 권세들의 기이한 균형의 바탕에는 신에 대한 불신과 더불어 그들 중 누구에게도 통합적 권위가 있을 수 없다는 믿음이 있기 때문이다. 만일 이 불신이 우위를 점한다면 삶은 영적 황무지로 변한다. 그러나 이것이 절망을 가져오는 것은 아니다. 도리어 매우 용맹한 태도가 될 수 있다. 이런 입장에 속한 사람은 자기 외부에 의지할 곳을 두지 않는다. 그는 자기 외부로부터 오는 복종에 대한 모든 요구와 권위에 대한 모든 주장을 '간파하고' 있다. 만일 그가 이런 주장에 어떤 중요성도 부과하지 않는다면, 이는 단지 그에게 숨 쉴 공간을 제공하는 바로 그 웬만한 균형이 무너지지 않게 하기 위함이다.

배후를 위태롭게 만들 뿐만 아니라 또 실제로 많은 이들에게 지극히 세속적인 삶의 분위기인 이런 니힐리즘 속에서 사람이 살아갈 수 있는 가 하는 질문은 늘 미결 상태에 그쳐 있다. 만일 사람이 그럭저럭 어떻게든 살아가고자 한다면 다른 선택의 여지가 없다는 신념이 그로 하여금 방금 설명한 두 태도로 오래 버티게 해준다. 그러나 그 둘은 부자연스러운 태도이다. 따라서 그런 사람에게는 "권세들의 복귀", 곧 고무적이고 통합적인 사상 아래 위치한 삶의 확고한 합목적성에 관한 대개는 무의식적인 갈망이 도사리고 있는데 이따금은 갑작스레 돌출되기도 한다. 파시즘과 나치즘은 유럽 정신의 표면이 권위에 대한 이 갈망에 얼마나 가까이서 잠을 자고 있었는지 보여준다. 유럽에서 수백만의 사람들이 가졌던 공산주의에 대한 매력은 그것이 사회 문제에 대한 해결책이 될 것이라는 사실 뿐만 아니라 더 근본적으로는 그것이 "정치, 사회적 세계 종교"라는 사실에 기인한다. 기독교의 영향을 거의 받지 않고 권세들 아래서 훨씬 더 오래 살아온 아시아인들은 그와 같은 새로운 절대적 존재 없이는 살아갈 수 없을 것이라 여긴다.

우리는 "권세들의 복귀"를 언급했다. 하지만, 이는 적당하지 못한 표현이다. 복음의 선포를 통해 권세들의 가면이 벗겨지고 무장이 해제된 이후에 그런 '귀환'은 있을 수 없다. 권세들이 반혁명적 쿠데타를 통해 지배권을 되찾으려 할 때, 이미 그들은 그리스도와 충돌하기 이전의 상태와 의당 다른 상태이다. 그들이 반역을 일으킬 때조차 그들이 예수 그리스도께 예속되었다는 표시가 그들의 이마에 쓰여 있다. 그들은 건실한 "후견인과 청지기"가 아니라 성난 반기독교적 침탈자가 된다. 그들의 권위가 이제는 명백하지 않다. 그들은 더 강력한 수단으로 그들의 구속적 가치에 대한 뿌리 깊은 불신에 대항해야 하는데, 이는 그리스도가 사람의 영 안에 깊숙이 거하고 있기 때문이다. 그리스도가 이 땅에 온 이후로 프로파간다, 공포, 삶의 모든 인위적 이념화는 권세들의 지배와 뗄 수 없이 수반되는 것들이다. 우리는 옛 중국이나 옛 바빌론으로 복귀할 수 없다. "잔에 입을 대어본 자는 영혼의 순결함을 잃었다."

이것이 권세들의 복귀가 해결책이 될 수 없는 이유이다. 권세들의 지배는 인위적이며 혹독하여 인간의 삶에서 참으로 본질적인 가치들을 약탈해 가는데, 이는 수많은 사람에게 있어서 그들이 치를 수 있는 금액보다 권세들의 복귀에 대한 대가가 턱없이 높기 때문이다. 우리 문화의 혼돈은 사람들이 갖가지 방식으로 자기의 입장을 고수할 수 있음에도 불구하고 그중 어느 것도 우리의 본성과 목적에 일치하는 방안을 제시하지 못한다는 데 있다. 우리는 "이 땅의 샘에서는 결코 해소될 수 없는 갈증"으로 시달린다.

그렇다면, 세속주의, 니힐리즘, "권세들의 복귀" 외에 네 번째 방안은 없는가? 우리가 비록 소수 집단 이상의 상당한 사람들이 그리스도의 참된 교회에 속해 있다는 추정을 비현실적인 것으로 제쳐 놓는다 하더라도 거기에 네 번째 가능성이 있다는 사실을 단언해야 한다. 그리스도의 교회가 말씀을 통해, 존재 자체를 통해, 그 속에 있는 교제로부터 얻는 생활양식을 통해 그런 강력한 증거를 나타내고 교회의 경계 저편에 있는 사람의 양심에 매우 통렬히 전한다면 사람들은 은연중에 교회를 받아들이며 이런 사실을 통해 대체로 순응한다. 그들이 이렇게 하는 이유는 격조 있는 삶, 자비, 자유, 정의, 인간성 등을 보증해 주는 데 있어서 일반적으로 그리스도의 통치권 또는 '기독교' 그들이 선호하는 말이다 와 '기독교적 가치'를 확실히 인정하는 것 더욱더 나은 것이 없다는 사실을 알기 때문이다. 특정한 관점에서 보았을 때 이런 일반적인 수용은 굉장한 일이다. 그것은 권세들에 대한 그리스도의 지배뿐만 아니라 그리스도께서 양심을 쥐고 있다는, 곧 교회의 경계 저편에 이르러서도 목격되는 그의 붙드심에 대한 중대하고 낙관적인 표징이다.

다른 방안들에 비해 이런 상황은 단지 상상할 수 있는 정도일 뿐만 아니라 겉보기에 완전히 세속화된 다양한 행동 방식 안에서 이미 현실적이고 효과적이다. 게다가 갈수록 더 현실적이고 효과적으로 되어 간다. 우리는 이를 권세들의 "기독교화"Christianization라고 부를 수 있다. 그러나 이 용어를 사용할 때는 반드시 주의해야 한다. 그것은 권세들이 이념의 중심이 되었다는 말이 아니라 그저 하나님께서 원래 의도했던 바가 되었다는 뜻에 지나지 않는다. 이는 곧 하나님의 자녀이자 이웃으로서 도움이자 수단이 되어 사람의 진정한 삶을 구성하며 방향을 제시하는 일이다.

권세들이 "기독교화"되었다는 말은 그들이 수단이 되고 겸손해졌다는 뜻인데, 심지어 '중립화' neutralized라고도 말할 수 있을 것이다. "기독교화"는 권세들이 그 자체의 목적 없이―만일 그렇다면 우리는 세속주의로 돌아가게 될 것이다―예수 그리스도 안에서 하나님이 사람을 다루시는 것에 순응할 뿐만 아니라 이 동일한 하나님과 교제하는 인간의 삶을 가리키는 것임을 분명히 보여준다. 다양한 권세들의 본질상 그들의 "기독교화"는 모든 경우에 똑같은 의미를 가질 수 없다.

국가에서 그것은 "탈이념화"de-ideologizing, 곧 국가를 원래 크기로 축소하는 것을 의미한다. 국가는 더는 그 자체의 이익을 추구하지 않으며, 국가가 선전하는 세계관에 사람을 예속시키지도 않는다. 단지 국가는 우리로 하여금 평온하고 안정된 삶을 이끌며 외부의 방해를 받지 않고 하나님의 부름을 따를 수 있게 함으로써 혼돈을 방지하고 인간관계에 질서를 세우는 수단이 된다.

경제적이고 기술적인 영역에서 "기독교화"는 하나님이 의도한 바에 따라 사람을 돕기 위한 자원들의 복종을 뜻할 것이다. 교육 분야에서 "기독교화"는 이념들을 물리치고 아이들에게 하나님의 구속 사역과 그들의 인생을 위한 하나님의 뜻에 대한 관점을 제시하는 것을 의미할 것이다. 사법 분야에서는 법의 제정과 집행이 말씀 속에서 하나님께서 선하고 악하다고 하신 것에 근거를 두어야 할 것이라는 사실을 의미할 것이다. 따라서 어떤 경우는 다른 경우에 비해 하나님의 계시와의 관련성이 더 밀접하고 직접적이다. 그러나 모든 경우에 권세들은 상대화되며 겸손해진다. 더는 그들은 모든 삶에 고무적인 중심이 되는 양 행세하지 못한다. 이 세상에서 사람들은 권세들 위 어딘가에 중심이 있으며 그 높은 곳에서 삶은 영감과 희망을 얻는다고 은연중에 생각한다. 이런 인식은 비록 애매하고 무의식적일 수는 있지만, 그에게 권세들이 폐위되었다는 사실을 깨닫게 해준다. 사람은 직감적으로 오직 그럼으로써만 인생이 살 만하리라 안심한다.

이러한 체계는 자동적이지 않다. 우리는 그것이 유럽에서 현실이었고 역사에서 초월한 것이 아니라는 사실을 알고 있다. 이 "기독교화"는 우리가 미심쩍어 하는 것 이상으로 훨씬 더 강력하게 나타난다. 그러나 "기독교화"된 삶과 세속화된 삶 사이의 경계선은 몹시 유동적이어서 누구도 어디가 끝이고 시작인지 분간할 수 없다. 왜냐하면 "기독교화" 자체가 세속화의 한 형태이자 참으로 정당한 유일한 형태이기 때문이다. 우리가 '세속화'라고 부르는 데서 권세들과 그리스도의 결합은 다시 깨어지며 권세들은 그들이 예전에 있던 자리로 어느 정도 돌아간다. 이것은 "기독교화"라기 보다는 한층 더 '자연적인' 질서이다. 만일 그

리스도가 이 땅에 온 이래로 권세들이 오로지 분에 차서 왜곡된 방식으로 작용할 수밖에 없지 않았다면 권세들의 복귀가 가장 평범한 타협책이 될 것인데, 그리하여 이 방면에 팽배한 기질, 곧 그들이 우리 사회에서 힘을 되찾으려는 성향은 언제나 거센 저항에 부딪힐 것이다. 사람은 자신의 세속화된 존재 속에서 "내 존재를 영감의 굴레에 속박해 줄 사회 또는 하나님"을 갈망한다.[16] 그러나 우리가 '기독교적 가치'라 부른 그리스도의 주권lordship이 여전히 매우 많은 사람의 피 속을 흐르고 있기에 그들은 있는 힘을 다해 오싹한 권세들의 손아귀에서 벗어나려고 애쓴다. 진자 운동 같은 이런 일은 그리스도의 이름이 그 위에 선포된 문화의 특징이다. 미국과 러시아, 민주주의와 독재 사이의 극심한 대립은 그것의 표징이다.

그러한 진자 운동은 어떤 의미에서 평범하지만, "기독교화"는 그렇지 않다. 하나님의 계시적 행위의 편에서 열려 있는 구조와 관습을 가진 삶은 자동으로 이뤄지지 않는다. 권세들을 정복하고 하늘과 땅의 모든 권한을 가진 그리스도가 직접 그런 상황을 열어 둔 동안에만 '열려' 있다. 그리스도께서 이 권한 행사하기 위해 교회가 필요하지는 않다. 그렇지만, 그리스도께서 이 목적을 위해 계속해서 그의 교회를 사용하기로 선택한 것도 사실이다. 교회 없는 "객관적 주권"objective lordship은 없다. 그런 주권의 제일 표지는 교회 한가운데 있다.

그리고 우리는 위기 시에 교회가 쏟아 낼 예언적정치적이고 조직적인 부분은 말할 것도 없이 능력을 차치하고서는 이 주권lordship에 대해 언급할 수 없다. 이 주권을 믿고 여기에 사로잡힌 자는 자기 자신 없이 이 주권이 진전되지 않을 것이라는 사실을 안다. "기독교화"가 당연시될 수 없다

---

16) Marsman

는 사실은 교회에게 지속적인 도전이 되어, 영감을 불어주는 경치를 볼 수 있도록 창문을 열어두려 애쓰게 된다. 우리가 아는 한 "기독교화"는 예언, 곧 말씀과 행동과 존재 속에서 생명력 있는 교회의 살아 있는 증언을 제외하고는 생각할 수도 없다. 조금 부족하다는 것은 없는 것과 진배없다. 곧 그리스도 안에 있는 하나님의 실재를 출발점이자 목표로 잡지 않고 권세들을 중립화하고 삶을 탈이념화하려는 노력은 다소간의 '인간화' humanization에 지나지 않을 것인데, 이는 오늘이나 내일 사이 새로운 권세 즉 '인문주의' humanity의 권세에 사로잡히게 될 것이라는 사실에 다름없다. 강압적인 수단으로 예언적 메시지를 강화하여 권세들을 중립화하고 삶을 탈이념화하려는 노력은, 말씀을 선포하고 회심시키는 과정을 거치지 않고 그리스도를 왕위에 옹립하기 위함인데, 이는 너무 지나쳐 없는 것과 진배없는 경우이다. 이 역시 기존의 권세를 다른 권세로이 경우에는 기독교적 이념으로 대체하는 일에 불과할 것인데, 그것이 가진 율법주의적 특성은 주의 구원을 보지 못하게 눈을 가리고 위선으로 변질하게 할 것이다.

바울이 직접 가르쳐주는 바, 우리가 부름 받은 최소이자 최대치는 바로 교회가 되는 것이다. 이 교회는 그리스도가 권세들을 이겼다는 사실로부터 말과 행위가 일치되게 살아가며 이 믿음에 기대어 권세들과 적당히 거리를 둔다. 그리고 분명히 그리스도는 그의 객관적 통치권으로써 교회의 존재 자체가 권세들의 지배권을 제한하여 실제로 그것을 박살 내 버리도록 해 줄 것이다. 이런 의미에서 교회는 오늘날의 문화적 혼란에 본질적인 책임이 있다.[17]

---

17) 예수께서 직접 위에서 묘사한 상황에 대해 분명히 말씀하신 것을 마태복음 12:43-45과 누가복음 11:24-26에서 살펴볼 수 있다. 누가복음에서는 맥락 역시 중요하다. 예수의 축귀사역(exorcism)의 본질과 근거가 논의되고 있다. 예수는 이것

이 교회가 어떠한 힘을 갖추거나 조치 함이 없이 단지 로마 제국에 팽배했던 황제 숭배와 다신교를 거부함으로써 그 제국이 멸망에 이르게 한 방식이 바로 교회의 삶과 증언이 귀신을 쫓는 능력을 행사한 분명한 예이다. 당시에 가능했던 일은 지금도 여전히 가능하다. 심지어 네덜란드의 근래 역사도 이에 관한 작은 예이다. 한 세기 전 자유주의가 확립하고자 했던 자율적이며 계몽되어 덕을 갖춘 인간의 통치는 제한되고 부분적으로나마 무너졌는데, 이는 특히 교육 분야에서 교회가 완강히 저항한 덕분이다. 이와 유사하게 인민주권의 이념에 근거한 프랑스의 선례를 따랐던 민주주의 역시 정치적 입장에서 인간 행위를 돕는 일련의 실제적 규칙들로 축소되었다.

기독교 교회 이외에 사회주의 이념도 자유주의를 약화시키는 데 일조했다. 이런 성과에는 사회주의가 그 자체의 이념적 특성을 부정하려는 사실이 있었는데, 이는 기독교인들이 사회주의 운동 안팎에서 결정적인 공헌을 한 일이었다. 따라서 표식을 보고 싶어 하는 사람에게 이는 또다시 우리의 삶을 둘러싸려는 권세들에 대한 그리스도의 통치를 나타내는 표식이 된다.[18] 많은 사람이 이런 성취를 부정하거나 비하하

을 사탄과의 전투라 칭하고 스스로를 승리자로 칭한다. 하지만 그런 뒤에 예수는 그의 말씀을 듣는 자들이 축귀사역 자체에만 관심을 두지 않도록 경고한다. 그것이 진짜 중요한 것의 이면에 불과하기 때문이다. 악한 영을 쫓아내는 것은 그 자체로는 아무 효력이 없으며 실제로 꽹장히 위험한 일에 불과하다. 만일 귀신 들렸던 사람이 깨끗이 정화된 이후 텅 빈 채로 남아 있게 된다면 악한 영들의 이목을 집중시켜 훨씬 더 많은 귀신들이 들어올 수 있다. 그리스도가 권세들을 정복한 것은 축복 아니면 저주이다. 그 외는 없다. 세속화된 삶은 권세들의 복귀를 요하지만 그런 복귀는 단순한 재현이 아니라 더 가혹한 압제이다. "그 사람의 나중 형편이 전더욱더 심하게 되느니라." 오직 승리자인 그의 존재가 승리를 확정하는, 즉 삶이 텅 빈 채로 남아 있도록 놔두지 않는 곳에서만 권세들의 축출이 복이 된다.

18) 여기서 '자유주의'(liberalism)는 유럽의 사회사에 고유한 의미로써 사용되었는데, 이는 사회적 목표에 관한 인문주의적, 개인주의적, 자유 방임주의적 관점을 가리

려고만 한다는 사실은 네덜란드 기독교의 상당한 영적 빈곤을 보여주는 슬픈 표식이다. 반면에 적극적으로 그런 주장을 하는 사람들은 과연 그들이 이념의 종말이 동반하는 차마 입에 올리기 겁나는 위험성을 깨닫고 있는지 자문해 보아야만 한다. 수많은 노동자 속에 거하던 영들이 축출되어 그 자리가 비게 되었을 때, 전더욱더 많은 악한 영들이 들어온다. 교회의 살아 있는 예언이 동반되지 않은 중립화는 더 위협적일 뿐이다. 그러므로 교회와 세상의 경계에서 말씀과 행동으로 이 예언을 구현하며 정통주의 기독교인들에게 자주 박대당한 모든 사람에게 우리는 깊이 감사해야 한다.

그러나 권세들과의 전투는 계속된다. 이곳이 "기독교화"되면 그들은 다른 곳에서 터져 나온다. "기독교화"는 제각각 부분적이고 일시적인 가치를 지닐 뿐이다. 언제나 교회는 지금 과연 어떤 권세들이 그들의 지배 아래로 삶을 장악하려 하는지 묻는 것이 중요하다. 보통 이것은 멀찌감치 떨어졌을 때 더 잘 보인다. 중동 지역의 어린 교회들은 민족주의nationalism와의 투쟁에 당면해 있다. 그들 자신을 포함하여 그들을 둘러싼 다른 사람들은 목적으로서가 아닌 더 높은 목적을 위한 수단으로 그들의 민족적 존재를 이해하고 다루는 법을 배워야 할 것이다.

그렇다면, 공산주의는 어떠한가? 그리스도의 승리를 믿는 자는 공산주의의 형식을 취한 계급과 국가의 권세들이 천하무적이라는 사실을 믿지 못한다. 자신들의 삶이 이념적인 물이 들지 않도록 말씀과 행동으로 저항하는 교회는 오늘날 동독에서 교회가 하는 바와 같이 그리스도가 그들이 선포한 대로 실제로 저 멀리까지 권세들을 포위할 것이라는 사실을 고대할 수 있고 기도할 수 있다. 그러면 공산주의 사회가 사라진다 한

킨다.

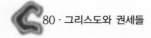

들 완전히 새로운 경제 질서가 순전히 실무적인 역할을 다할 것이고 거기서도 교회는 동등하게 실제적인 국가 체계 속에서 더 높은 그리스도의 역할을 온전하게 받들고 있을 텐데, 도대체 왜 공산주의 사회는 있어서 안되는가? 이상주의자는 공산주의가 나쁠 것 없다고 생각하는데, 이들은 권세들의 세력을 완전히 잘못 이해하고 있다. 비관론자는 공산주의를 손 쓸 도리가 없는 것으로 여기는데, 이들은 그리스도의 주권 lordship을 완전히 잘못 이해하고 있다. 이렇게 서로 닮은 낙관론과 비관론에도 불구하고 살아서 예언하는 기독교 교회는 자기 고유의 길을 가고 있다.

> 이때에 제자들이 조용히 예수께 나아와 이르되 "우리는 어찌하여 쫓아내지 못하였나이까?" 이르시되 "너희 믿음이 작은 까닭이니라. 진실로 너희에게 이르노니 만일 너희에게 믿음이 겨자씨 한 알 만큼만 있어도 이 산을 명하여 '여기서 저기로 옮겨지라' 하면 옮겨질 것이요 또 너희가 못할 것이 없으리라."마 17:19-20
> 이르시되 "기도 외에 다른 것으로는 이런 종류가 나갈 수 없느니라" 하시니라.막 9:29

권세들에 대한 바울 교리의 중요성

지금껏 다룬 내용은 신학 영역에서 권세들에 대한 바울의 관점의 중요성을 직접적으로 찾아서는 안 된다는 사실을 분명히 보여 준다. 신학은 하나님의 계시에 따라 그가 누구이시며 또 어떻게 그가 우리를 대하시는지 연구하는 것이다. 권세들은 인간이 경험하는 세상에 속해 있으며, 그 속에서 하나님께서는 보존하고, 화목 시키며, 완성하는 일을 하신다. 따라서 바울 신학에서 권세들이 차지하는 정도는 바울의 인생관이나 세계관만큼 크지 않다.

'세계관' 이란 용어는 이제 좋은 뉘앙스를 풍기지 못한다. 계시에 직접적인 근거를 두지 않은 그러한 일련의 관점들이 신학적 중요성을 떠맡아 기독교 신앙을 철학 체계로 왜곡시킬 수 있다고 우리가 느끼는 바는 지당한 일이다. 그러나 바울에게 이런 위험은 없었다. 이 연구의 제목이 "그리스도와 권세들"인 것은 우연이 아니다. 우리는 늘 그리스도와 세상에 대한 그의 구속적 처우와 연관되어 있다. 바울 사상에 있어 권세들은 그리스도 사역의 의미를 나타내는 역할을 한다.

그러나 이런 권세들이 무엇을 나타내는지 이해하지 못할 구실은 없다. 하나님이 세상을 대하시는 모습을 통해 우리는 그가 어떻게 "세상을 보시는지" 흘깃 살필 수 있다. 이런 의미에서 '세계관' 은 어느 정도 믿음의 일부이다. 인류가 그저 각 개인으로 듬성듬성 이루어진 것이 아니라 구조, 질서, 존재 형식 등 그것들이 무어라 불리건 간에 창조된 삶의 한 부분으로 우리에게 주어졌으며, 또한, 이것들은 사람 만큼이나 창조, 타락, 보존, 화목, 완성의 역사에 연관되어 있다는 사실을 바울은 하나님의 행위에 비추어 보아 잘 알고 있었다. 그는 이러한 통찰을 당시의 용어와 개념으로 풀어내었다.[19] 그런 용어 속에 스며 있는 통찰은

---

19) 대체로 신약성경의 주석가들은 바울이 사용한 원래 의미가 당장의 상황에 가지는 관련성보다는 그가 이러저러한 용어로 어떤 존재를 말하고자 했는가를 결정하는 문제에 더 많은 관심을 가진다. 만일 그들이 진정 오늘날 현실에 적용하는 문제로 나가고자 한다면 나는 그들에게 자의적인 면이 있다고 여기거나 최근의 철학이나 사회 이론에 너무 많은 영향을 받았다고 생각한다. 이런 제약과 더불어 나는 바울이 사용한 의미의 이해를 더 도와줄 책들을 소개한다.

> A. J. Bandstra, *The Law and the Elements of the World: An Exegetical Study in Aspects of Paul's Teaching*, Kampen (Neth.), 1964.
> G. B. Caird, *Principalities and Powers*, Oxford, 1956.
> H. J. Gabathuler, *Jesus Christus—Haupt der Kirche—Haupt der Welt—Der Christus hymnus Colosser 1, 15—20 in der theologischen Forschung der letzten 130 Jahre*, Zürich and Stuttgart, 1965.
> N. Kehl, Der *Christushymnus im Kolosser brief*, Stuttgart, 1967.
> G. H. C. MacGregor, *Principalities and Powers: The Cosmic Background of Paul's Thought* in New Testament Studies I (1954—1955), pp. 17—28.
> H. Schlier, *Principalities and Powers in the New Testament*, New York, 1961.

이 주제를 보다 교리적, 철학적, 사회학적, 혹은 주제 중심적 관점에서 다룬 다른 책들도 있다. 나는 그 가운데 어느 정도 적합하다고 생각되는 책들을 세 권 소개한다. 이 책들은 독자들이 이 분야에서 사고를 더욱 발전시키는 데 유익할 것이다.

> E. Gordon Rupp, *Principalities and Powers: Studies in the Christian Conflict in History*, London, 1952. 제목과 달리 권세들은 이 책에서 부차적으로 다루어진다. 이 책의 진짜 주제는 역사에 관한 기독교적 개념이다. 권세들에 대한 저자의 생각은 내 연구와 유사한데, 이는 그가 콘월인의(Cornish) 오래된 기도를 현대식으로 바꾼 대목에서 잘 나타난다.

> > "학문들(`Anities)과 관례들(`Alities)
> > 이념들(`Ologies)과 이즘들(`Isms)로부터,
> > 선하신 주여, 우리를 구원하소서"(p.15).

> Otto A. Dilschneider, *Christus Pantokrator*, Berlin, 1962, 특히 pp. 49—97. 부제는 "골로새서

우리를 위한 의미를 간직하고 있으며 여전히 유효하다. 이를 성서 전체에서 살펴볼 수 있다. 바알이란 이름의 자연의 세력을 숭배하던 자들과 선지자의 대결, 맘몬에 대한 예수의 경고, 요한계시록 13장에 나오는 전제 국가의 특성을 비롯해 사탄에 관해 언급하는 신약의 많은 부분은 바울이 "통치자들"과 "주권들"과 같은 용어로 표현한 것과 똑같은 메시지를 망라하고 있다. 또한, 이를 깨닫는 것은 우리가 바울의 언어에 얽매여 있지 않다는 사실을 보여주는 것이다. 그렇지만, 이 책을 읽으면서 그런 통찰 뿐만 아니라 표현들까지도 기꺼이 받아들이려는 독자들도 있으리라 여겨진다. 오늘날 권세들은 다시금 이전 세대보다 더 구체적으로 목격된다. 마찬가지로 우리는 다시금 바울이 복음으로 씌운 그 용어들을 더 잘 이해할 수 있다.

　바울은 비교종교학의 문제와 관련해서 우리에게 도움을 줄 수 있다. 갈라디아서 4장에 따라 기독교 신앙을 가지기 전에 삶이 권세들에 예속되어 있다고 보는 관점은 우리로 하여금 기독교 신앙과 불합리하게 타협하지 않도록—예컨대 마치 그것이 종교성의 "가장 고상한 형태"인 양 막아줄 것이며, 그와 마찬가지로 "앞을 보지 못하는 이교도"를 불합리하게 비난하지 않도록 방지해 줄 것이다. 얼마나 많은 위대한 사상가들이 불과 몇 몇 권세들에 근거하여 우주를 설명하려 했는지 우리가 유념할 때 철학

에서 에큐메니칼까지"(Vom Kolosserbrief zur Okumene)이다. 이 책은 골로새서와 에베소서를 오늘날의 용어로 해석하려는 의미심장한 시도이다. 그것은 특별히 옛 신화들과 현재의 이념들의 일치성을 강조한다. 또한 그는 내가 여기서 다루지 않았던 교회 안의 권세들의 영향력에 관해서도 다루고 있다[예컨대 고백주의(Confessionalism)의 형태로].

　A. W. Kist, *Antwoord aan de machten*(권세들에 대한 대답), Alphen aan den Rijn, 1971. 내 책의 노선을 따른 이 화란 책은 더 많은 최신 자료들로 확장된 것이다. 또 바울의 개념을 교육 기관의 근대 사회학과 연관시킨다. 기독교 성인 교육을 위한 새로운 방안을 제시하는 것이 그 취지다. 부제는 다음과 같다. "사회 신학적 관점에서 본 성인 교육 연구."

곧 형이상학 역시 환히 설명될 것이다. 윤리학을 비롯한 정치적, 사회적 삶에 관한 우리의 이해에 바울이 이바지할 수 있다는 사실은 우리가 이미 마지막 장에서 살펴보았으므로 더 이상의 강조가 필요치 않다. 그렇지만, 여전히 이 연구 전체는 현시대의 삶에 관한 바울의 말씀을 너무 적게 담고 있다는 비판을 수용해야 한다. 우리가 처한 상황에 맞게 적용하는 문제를 위해서는 누군가 반드시 다른 책을 써야 할 것이다. 만일 이 책이 더 많은 사람으로 하여금 그들의 시대가 가진 중대한 질문들을 믿음의 눈으로 바라보게 하며, 바로 이 세상에서 우리의 길을 비추는 등불로서 하나님의 말씀을 깨닫도록 돕는다면 그 목적을 달성한 것이다. 이는 바로 하나님의 전신갑주를 입고 공중의 악한 영들과 싸우라는 호소이다.

영역자 존 하워드 요더의 후기

베르코프 교수는 권세들이라는 주제에 대한 성서 학자들의 연구 일부를 직접 정리해 두었다.[각주 19] 그는 오늘날의 기독교적 사상과 삶을 새롭게 조망해 주는 우주론과 구원론을 위해 권세들을 적절치 않게 이용하는 많은 문헌을 조사하려 하지 않았다. 물론 이 짧은 후기에서도 그런 조사를 수행할 수 없다. 그러나 권세 연구의 보다 폭넓은 결실을 위해 본보기가 되는 연구를 살펴보는 것은 적절한 일이다. 가장 엄밀한 최신의 연구는 리처드 마우Richard Mouw가 쓴 『정치와 성서의 드라마』*Politics and the Biblical Drama*의 한 장으로, 이는 특히 성서적으로 보증되는 근대 정치 철학의 가능성을 위함이다. 윌리엄 스트링펠로우William Stringfellow는 『낯선 땅에 사는 기독교인들과 다른 이방인들을 위한 윤리』*An Ethic for Christians and Other Aliens in a Strange Land*에서 묵시적 이미지의 광범위한 독단적 사용에 갇힌 이런 언어를 비판적으로 더 좁은 의미에서 사용한다. 스트링펠로우의 관심사는 그리스도의 구원적, 보존적 사역이나 권세들의 피조물적 존엄에 대한 긍정에 동등한 관심을 두지 않는 문화 비평에 있다. 나는 『예수의 정치학』*The Politics of Jesus*에서 베르코프의 해석의 확대에 지나지 않는 개요를 통해 바울 사상이 예수를 증언하는 복음의 표현과 양립할 수 있음거부가 아닌을 보여주기만을 바랐다. 그리고 현대인들이 권세의 영역과 예수가 아무 관계 없다고 주장하는 방식들 일부를 언급하였다.

하지만, 권세 언어의 개연성에 대한 이런 증거들을 언급함을 통해 우

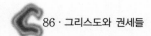

리는 다만 현시대의 이런 해석의 신실성을 시험해보기 시작했을 뿐이다. 『예수의 정치학』에 대한 비평에서 베르코프를 공격하는 일부 비평가들은 현시대의 개연성에 대한 긍정이 천사의 특성에 관련된 규범적 우주론의 서술로서 받아들여져야 하는 것을 부적절하게 비신화화한다는 사실이 근대성과 조화를 이루기 매우 어렵다고 여긴다. 이에 반해 그것이 여전히 무척 '신화적'이었다는 것이 칼 바르트의 맨 처음 반응이었다. 베르코프가 개정판 서문에서 언급하였다 "바울은 정말 무엇을 의미했었는가"라는 측면에서 비평가들은 주장이 아닌 서술로서 "천사들과 마귀들에 관한 관습적인 정통 교리"에 대한 부정에 도전하고자 할 것이다. "바울은 정말 무엇을 의미하는가"라는 측면에서의 논의는 열려 있다. 베르코프의 기본 입문서가 다시 출간됨으로써 지속적인 논의에 공헌하는 바는 상당할 것이다.